「にがい」がうまい

食べ方と育て方

まるごとあじわうゴーヤーの本

中山美鈴　藤清光　坂本守章

農文協

はじめに

ゴーヤー（にがうり）が、沖縄を代表する夏野菜として知られるようになったのは近年のことですが、長寿県としての沖縄とともに、またたくまに全国の人気を集めました。沖縄、九州だけの栽培にとどまらず、関東、東北地方でも産地化が進んでいます。今や、もっとも注目度の高い野菜になっています。野菜の中でも、ぐんぐん消費量を伸ばしているゴーヤーは、野菜の花形なのです。

沖縄の野菜として有名になったこともあって、ゴーヤー料理といえば豆腐と炒める「ゴーヤーチャンプルー」がよく知られています。一般にはなじみのない野菜だけに、炒め物料理が入り口となって、今では洋食で紹介される傾向にあるようです。

確かに、肉や油との相性がいいものですが、じつはみそや梅などの酸味とも合う、和の料理にもいい食材です。それもそのはずで、元をたどれば江戸時代には沖縄だけでなく、九州にも土着していた地方野菜。どろりあげ、みそ焼きなど、その地ならではの料理に生かされてきました。知れば知るだけ、すぐれた調理法があるものだと、ただただ感心させられます。九州はゴーヤー料理の宝庫だったのです。

ゴーヤーが全国に流通するようになって、〝ゴーヤー大好き人間〟と称する人たちは増えました。ひとたびゴーヤー料理を紹介すれば、地域性を越えてスピーディーに広がっていくのを感じます。どうも、ゴーヤーの魅力を知った人たちは、自分はどう食べるのが好きか、人にも語らずにはいられないようです。各地で料理の聞き取りをするなかでも、口コミで伝わってきた料理にいくつも出会いました。沖縄料理、「洋」の料理もいいものですが、九州、四国にも伝わる、この「和」のゴーヤー料理も、広く知ってもらいたいと思います。

読んで、つくって、食べて、育てる。この本で、ゴーヤーを丸ごと味わっていただければ、うれしいです。

中山　美鈴

目　次

●本書では、一般名称として「ゴーヤー」を使用しました。ただし、九州在来のものに限る場合は「にがうり」としています。
●10ページ～48ページで紹介したレシピの材料は、3～4人分が目安となります。
●レシピ中のだし汁とは、昆布とかつお節でとったものです。

写真　手島雅弘
　　　山﨑信一
　　　小倉隆人

渡る世間に"ゴーヤー"あり

今、なぜゴーヤーが人気なのか

食文化研究家　中山　美鈴

「にがい」がうまい、若者に大人気

とかく、世間では説教くさく言うものです。ヤレ、若いものは不健康だ、野菜も食べない、クセのあるものを食べたがらない、そのくせ奇食をする、などなど。しかし、ゴーヤー、すなわちにがうりは誰もが認める、にがい野菜。クセがあるなんてものではありません。なのに、この人気を支えているのは、紛れもなく若い人たちなのです。ゴーヤーを買っている人を見てください。けっこう、若い人が多いはずです。大根以上に一本フル活用されているのではないでしょうか。

どうして野菜離れが進むといわれる若い人たちにも人気があるのでしょう。

太陽の栄養、夏野菜の王様

人気のひとつは、そのユニークな風貌と、ヘルシーさ、にがみの個性にあります。夏の厳しい沖縄や九州でも、昔から夏バテ予防に食べられてきました。暑い日ざしを浴びて育つゴーヤーは、瑞々しい緑とごつごつとした筋肉隆々

の体格ですが、見た目を裏切らず、美容と健康に欠かせないビタミンCが身近な野菜のなかで最も豊富に含まれています。しかも、そのビタミンCは加熱しても破壊されない、まさに太陽の栄養の塊。沖縄で夏野菜の王様的存在だというのも、すぐれた栄養を秘めているからなのです。

「にがい」が健康、ゴーヤーで医者いらず

冬の寒かった昔に比べ、今は夏の暑すぎるニッポンになりつつあります。全国的に、夏は沖縄並に暑くなったという気候の変化も背景にあります。体の冷える野菜、油っこい料理を求める。きっと、そんな現代人の食生活を、ゴーヤーの力でバランスよくしてくれているに違いありません。現代の私たちがゴーヤーを求めるのも意味のあることなのです。昔は医者いらずと言われた大根、今はゴーヤーというわけです。

多彩な料理、ソフトなにがみから究極のにがみまで

沖縄のゴーヤーに比べて、九州在来のものは、もともとにがみがハードでした。調理法にも違いがあって、多彩です。にがみをより強く感じるのは焼く料理ですが、これもただひたすらにがい焼き方の丸焼きと、みそを使うことで食べやすくする方法と二つあります。ほかにも、小麦粉を使ってのにがみ封じや、種ごと炊きつめた保存食、甘い（といってもほろにがさのある）おやつまで、九州には多様な調理法と保存法が伝わっています。自家製の薬酒として愉しむこともできます。

古いものが廃れ、良いものが残りにくい時代にあって、伝統の地方野菜がここまで生き残り、また伝来の調理法が伝わっているのも、興味深いことです。にがい世間はにがみで渡る。あなたも多様な料理を知ることで、もっともっとゴーヤーを愉しむことができるはずです。

ゴーヤーの品種いろいろ

こんなゴーヤーが販売されている

沖縄県農業試験場園芸支場　坂本　守章

ゴーヤーは地方野菜として、各地の愛好家たちの手によって交配され、種子の保存が図られてきました。地域によって好みが異なり、地域特有の品種が保存・栽培されています。

果実は大別して円筒形と紡錘形に分けられます。これらの形に加えて果皮の色が濃緑色から白色、突起（イボ）も鋭いものから平坦なものまであり、変化に富んだ品種があります。特徴的なものとして、宮崎県のにがうりと、沖縄県のゴーヤーを紹介しましょう。

宮崎県のにがうりは円筒形で細長い

栽培が盛んな宮崎県では、在来のにがうりとして佐土原町に白皮種の「佐土原白長」があります。にがみが強い円筒形の細長い果実で、かつては盛んに栽培されていました。都農町で栽培されていた「都農緑」は青皮種で、紡錘形で突起が鋭く、薄緑の果色をしています。雌花が少ないために収量が低く、今はほとんど見かけられなくなっています。

円筒形で細長いにがうり

宮崎県総合農業試験場で育成された「宮崎緑」は、ゴーヤーの種苗登録第一号の品種で交雑一代品種

果径が太く、突起の大きな短太

紡錘形のゴーヤー

です。果皮色は緑色で細長い円筒形で、特有のにがみがあります。突起は平坦で輸送性に良く、その後に育成された「宮崎こいみどり」が発表されるまで長く栽培されていました。現在、宮崎県から出荷されているゴーヤーのほとんどは、宮崎こいみどりです。

沖縄県のゴーヤーは紡錘形の中長と短太

沖縄県では紡錘形の系統がほとんどで、濃緑色の「中長」や、果径が太く突起の大きな「短太（俗名：アバシー）」が栽培されています。

平成四年に沖縄県農業試験場で育成された「群星《むるぶし》」は、初の雌花型育種法によって育成された交雑一代品種で、多収性です。在来の中長系統から花がすべて雌花の雌花系統を育成し、中国から導入した系統との組合せで育成されました。その後、雌花系統を交配親として「汐風《しおかぜ》」の品種が育成されました。

鹿児島県や熊本県でもゴーヤーを栽培・出荷しています。鹿児島県では「さつま大長」というにがみが強い円筒形の細長い在来のにがうりが多かったのですが、現在は沖縄県で栽培されている濃緑色の中長系統が多く、「スタミナチャンピオン」の商品名で販売されています。また、平成十三年に鹿児島県農業試験場で、「か交5号」が育成され、栽培されています。か交3号も雌花が多く、在来の品種にくらべて多収・高品質です。熊本県では鹿児島県と同様の品種（中長）が栽培されています。「佐土原3号」は宮崎県で育成された品種で、紡錘形で突起が丸く、多収性です。現在、複数の民間の種苗会社でも品種育成を開始し、販売を開始しています。

主要品種の特性

品種	果形	果実 長(cm)	果実 径(cm)	果色	突起の形態
群星	紡錘形	25～35	5.5～6.0	濃緑色	鋭い
汐風	紡錘形	25～35	5.5～6.2	濃緑色	鋭い
短太	紡錘形	25～30	9.0～10.0	緑色	丸い
中長	紡錘形	25～30	5.5～6.0	濃緑色	鋭い
宮崎こいみどり	円筒形	30～35	3.1～3.3	濃緑色	丸い
佐土原3号	紡錘形	25～30	5.5～6.0	濃緑色	丸い
か交5号	紡錘形	25～30	5.0～5.5	濃緑色	丸い

下ごしらえと調理のコツ

これぞ、ゴーヤー魂「にがい」がうまい

ふるさと料理人 藤　清光

梅の酸味がどんなに調理しても抜けないことを「梅根性」といいますが、ゴーヤーのにがみも同様で、私は「ゴーヤー魂」と呼んでいます。

料理法でにがみを和らげられますが、にがみと歯ごたえのよさがゴーヤーの命。しかし、厚く切るほどにがみが強く感じられるので、特性を生かして、「にがみ」を「うまみ」に変える、これがゴーヤー料理の醍醐味です。

わたは、スプーンでこそげとる

イボイボがしっかりしていて青々しく硬いのが新鮮です。買ってきたら、すぐに縦半分に切って中の種と白いわたをとりのぞきます（スプーンを使うと便利）。わたに近いゴーヤーの内側の部分が最もにがいので、ここを汁が出

ゴーヤーは縦半分に切って、スプーンで中の種とわたをとりのぞく。わたに近い内側の部分がにがいので、ここをしっかりこそげとる

るくらい、こそげとります。
にがいのが平気な人でも、ここはていねいにとることが大事です。傷みがくるのもこのわたの部分から。保存は、洗わず、種とわたをとって新聞紙に包み、冷蔵庫で。一週間近く日持ちします。

にがみは切り方で加減する

にがいのが大好きという人は、あくまで切り方でにがみを加減してみてください。薄く切れば、にがみを感じにくくなりますし、にがくするなら、厚めに切ります。にがさの度合いは、調理法だけでなく、切り方を加減すること。これが私のお薦めです。

ゴーヤーはさっと火を通す

塩もみや湯通しをすることでにがみを抑える方法もありますが、食感が残らないようにしてしまっては、ゴーヤーが泣きます。炒めるときには、くれぐれも火を通しすぎないようにしましょう。

ゴーヤーにまだなじみがない人も、好きではないけれど食べられるようになりたい、という人にも、ぜひ、つくってみてほしいです。料理はチャレンジ！　きっと、あなたもゴーヤーが大好きになりますよ。

薄く切ればにがみを感じにくくなり、厚めに切ればにがみが強くなる

いつもの味、昔からのおいしさ

冷や汁

冷や汁にはアジなどの干物を入れる海の冷や汁と入れない山の冷や汁と二種類あります。よりさっぱり、すっきり、しゃっきりするのは夏野菜だけの、山の冷や汁です。自然の水がおいしかった昔は、だしをとることもなく、冷たい山水のおいしさと野菜だけを味わいました。これぞ、真夏の涼を潤す一品です。

【材料】
だし汁……適量
みそ……適量
ゴーヤー、みょうが、トマト……食べたいだけ
しそ、ごま……適量

【つくり方】
❶冷ましただし汁にやや濃いめにみそを溶く。
❷ゴーヤーは縦に二つ割りにして種とわたをとりのぞき、薄くスライスする。塩もみしてさっと洗い、絞る。
❸トマトは皮をむき、小さく切る。
❹ごまは炒って半すりにする。
❺食べるとき、冷たいみそ汁に材料を入れる。

にがみ度 ◎◎

■冷ましただし汁にみそ溶きするのが冷や汁ですが、冷めたみそ汁にゴーヤーと薬味を入れてもいいです。すばらしい名水があれば、だしいらずで、どうぞ。

どろりあげ

九州・阿蘇地方に伝わる伝統的な料理。水溶きした小麦粉でからめることでどろりと仕上がるので、この名がついたといわれます。にがみを和らげる九州独特の調理法です。かぼちゃの甘みも加わって食べやすく、さらにちりめんじゃこを入れるとおいしさが増します。

【材料】

ゴーヤー……1本
かぼちゃ……8分の1個くらい
ちりめんじゃこ……ひとつかみ
だし汁……2分1のカップ
小麦粉……大さじ2杯
薄口しょうゆ……大さじ1杯半

【つくり方】

❶ゴーヤーは縦に二つ割りにして種とわたをとりのぞき、厚さ1センチくらいに切る。
❷かぼちゃは部分的に皮をむき、厚さ1～2センチくらいに切る。
❸だし汁でかぼちゃを煮る。
❹かぼちゃに火が通ったら、ゴーヤー、ちりめんじゃこを入れる。
❺ひと煮たちしたらしょうゆで味をととのえ、水で溶いた小麦粉を回しかけながら材料にからめ、小麦粉に透明感がでたらできあがり。

にがみ度 ◎

■ちりめんじゃこを入れるのは私流。昔はだし汁も使いませんでしたが、このほうが断然おいしいです。

ふるさと煮

九州で最もよくつくられてきたにがうり料理が
みそ炒め煮で、なすと組み合わせるのが一般的です。
油やみそとの相性のよさは抜群だと実感できる、
飽きのこない一品。ほろにがい、ふるさとの味です。

【材料】
ゴーヤー……2本
なす……1本
だし汁……2分の1カップ
みそ……大さじ1杯
砂糖……大さじ1杯強
サラダ油……適量
鷹の爪……適量

【つくり方】
❶ゴーヤーは縦に二つ割りにして種とわたをとりのぞき、1センチの厚さに切る。なすは縦半分に切って3センチくらいの厚さに切る。
❷鷹の爪は種をとって、輪切りにする。
❸だし汁にみそを溶いておく。
❹鍋を熱して油をひき、なす、ゴーヤーを入れて炒める。
❺砂糖、みそ、鷹の爪を加え、煮含める。

にがみ度 ◎◎◎

みそ焼き

九州在来のにがうりはきゅうりのように細かったので、昔は丸焼きにもしていました。
みそを塗って焼くと、焼けたみその香ばしさとにがみがみごとにマッチしています。
酒の肴にお薦めします。

【材料】

ゴーヤー……食べたいだけ
みそ……適量

【つくり方】

❶ゴーヤーは縦に二つ割りにして種とわたをとりのぞき、薄くみそを塗る。
❷魚焼き用網で、みそを塗っていない表のイボイボのあるほうから中火で焼く。
❸七分目まで焼いたあと、裏返して弱火で、みそに軽く焼き目がつく程度まで焼く。

にがみ度 ◎◎◎◎

■冷めてもおいしく、ビール、焼酎、日本酒、泡盛、何にでも合う強肴《しいざかな》です。

きんぴら

和食の定番、きんぴらにはゴーヤーも合います。さらに相性がいい素材が、干し椎茸とたけのこ。これでぐっとうまみが増します。きんぴらが、ごぼうとにんじんだけでないことを教えてくれる一品です。

【材料】
ゴーヤー……1本
干し椎茸……3枚
にんじん……適量
たけのこ……にぎりこぶし半分くらい
鷹の爪……少々
油……大さじ1杯
しょうゆ……大さじ1杯強
砂糖……小さじ1杯
ごま油、椎茸の戻し汁……適量
かつお節……適量

【つくり方】
❶干し椎茸を水で戻す。
❷ゴーヤーは縦に二つ割りにして種とわたをとりのぞき、4～5センチの長さに切ってから縦に厚めに切る。干し椎茸、にんじん、たけのこもだいたい同じ大きさに切る。
❸鷹の爪は種をとって、輪切りにする。
❹ゴーヤー以外の材料を油で炒める。
❺材料に火が通ったらゴーヤーを加えてさっと炒め、椎茸の戻し汁と調味料で味をつける。
❻ごま油を少量加え、かつお節をかける。ごまをふってもよい。

にがみ度 ○○○

ゴーヤーチャンプルー

沖縄を代表する、ゴーヤー料理。豆腐と組み合わせ、豚肉を加え、卵でとじるのがもっともポピュラーなチャンプルーです。最初にじっくり豆腐を炒め、あとは一気に材料を炒める。静と動の、料理。卵を使わず、かつお節を加える方法もあります。

【材料】

ゴーヤー……1本
豆腐……1丁
豚ばら肉……食べたいだけ
油……大さじ1杯
塩……小さじ1杯
しょうゆ……適量
砂糖……少々
かつお節……適量（または卵……1個）

【つくり方】

❶豚ばら肉をゆでて脂抜きをし、食べやすい大きさに切る。
❷豆腐の水切りをする。時間がないときは、1丁を4つに切り、それぞれペーパータオルでぐるぐるに巻いておくと早い。
❸ゴーヤーは縦に二つ割りにして種とわたをとりのぞき、5ミリくらいにスライスする。
❹フライパンを熱し、油をひき、❶の豚肉と、豆腐を手でちぎって加え、豆腐に焦げ目がつくまで両面を焼く。
❺調味料で味をととのえてゴーヤーを入れ、最後にかつお節を入れる。かつお節の代わりに溶き卵を流し入れて炒めてもよい。

にがみ度 ◎◎◎

■ゴーヤーを入れるのはあくまで調理の最後。余熱でもかなり火が通るので、これでOK。

ヒラヤチー

ニラだけを入れてつくる素朴な、沖縄の簡単食。平たく焼くから「ヒラヤチー」。お好み焼きに似てさにあらず。イカや豚肉などいろいろ具を加えないのがミソ。これをゴーヤーで応用するとってもおいしいのです。にがみが和らぎ、子どもも喜んで食べます。

【材料】

ゴーヤー……2本
小麦粉……200グラム
水……350cc
油……適量

【つくり方】

❶ゴーヤーは縦に二つ割りにして種とわたをとりのぞき、薄くスライスする。
❷小麦粉を水で溶き、ゴーヤーをまぜる。
❸フライパンを熱して油を引き、❷を入れてゴーヤーに火が入るまでじっくり焼く。

にがみ度 ◎◠

■ほかのゴーヤー料理に比べて、これはよく火が入るまで焼いてください。好みで卵を入れて、お好み焼き風にしてもイケます。

しその香煮

見た目は地味でも、滋味あるおいしさ。箸休めによく、酒の肴にもってこい。冷菜にも美味。これぞ、大人の味です。しかも、ゴーヤーが嫌いという人でも例外的に食べられる一品なのです。

【材料】
ゴーヤー……1本
水……1カップ
薄口しょうゆ……50cc
黒糖……大さじ1杯
梅漬けのしそ……3分の1カップ

【つくり方】
❶ゴーヤーは縦に二つ割りにして種とわたをとりのぞき、1～2センチの厚さに切る。
❷梅漬けのしその葉を小さく刻む。
❸水、薄口しょうゆ、黒糖、しその葉を鍋に入れ、20～30分ほど弱火で煮る。

にがみ度 ◎

■日持ちするのでたくさんつくって、お弁当のおかずにもお薦めです。

きゃら煮・さっと煮

四国・南伊予地方でつくられてきたにがうり料理。
在来種のにがうりが健在なこの地方では、
種ごと輪切りにして、つくだ煮風にした保存食がつくられています。
薄味でさっと煮てふだんのおかずにもします。
土地の人たちが口をそろえて言うように、
どちらも、最後に梅酒を入れるのがコツです。

【材料】

ゴーヤー……2本
だし汁……80cc
しょうゆ……20cc
砂糖……小さじ2杯
梅酒……20cc
油……適量

【つくり方】

❶ゴーヤーは縦に二つ割りにして種とわたをとりのぞき、長さ5センチぐらいの拍子木切りにする。
❷鍋を熱して油をひき、ゴーヤーを炒め、だし汁、しょうゆ、砂糖で調味し、最後に梅酒を加え、汁気がなくなるまで煮つめる。

にがみ度 ◎◎◎

■さっと煮（写真右）のつくり方は、❶❷の手順に同じ。煮つめず、ゴーヤーの歯ごたえが残るくらいで火を止めます。これは冷たくしたものがおいしい。

洋食・エスニックで新しいおいしさ

ゴーヤーペペロンチーノ風

にんにくととうがらし、オリーブオイルだけでつくる「ペペロンチーノ」は、パスタ料理の中でも最もシンプルながら、人気の定番。このシンプルさに合うのが、ゴーヤーのほろにがさなのです。

【材料】

ゴーヤー……食べたいだけ
スパゲッティ……250グラム
にんにく……6片
鷹の爪……1本
オリーブオイル……適量
塩、こしょう、しょうゆ……少々

【つくり方】

1. ゴーヤーは縦に二つ割りにして種とわたをとりのぞき、薄くスライスする。
2. にんにくもスライスする。
3. 鷹の爪は種をとって、刻む。
4. たっぷりの湯に塩をひとつまみ入れ、スパゲッティをゆでる。
5. オリーブオイルでにんにくと鷹の爪を炒め、ゆでたての麺を入れ、ゴーヤーと調味料を加えて、一気に炒める。
6. 好みで最後にしょうゆをまわしかける。

にがみ度

CARROT GAME
PARTICIPATED IN THE CARROT GAME
SPORTING EVENTS
OFFICIAL GAME
OFFICIAL SUPPLY
DIGGING CARROTS, MUDDY & MUDDY
WASHING THEM, CUT & CUT
THE SOUP BOILING WELL, HOT & HOT
WE ALL FAVORITE CARROT GAME

エスニックハンバーグ

ゴーヤーの、この形だからできる料理。豚肉などを詰め物にして蒸す中国料理（詰めにがうり）もあります。おいしいトマトソースで、家庭料理ならではのハンバーグの変わり種が楽しめます。

【材料】

ゴーヤー……1本
ハンバーグのタネ
合挽き肉……100グラム
玉ねぎ……1個
パン粉……1カップ
トマトソース分量
玉ねぎ……1個
トマト……2個
だし汁……1カップ
固形ブイヨン……1個
ケチャップ……150グラム
赤ワイン……少々

【つくり方】

1. ゴーヤーは両端から種とわたをくりぬく。
2. 玉ねぎをみじん切りにして合挽き肉、パン粉と合わせハンバーグのタネをつくる。これを1の中に詰め、1〜1.5センチの輪切りにする。
3. 小麦粉と水でてんぷら衣をつくり、具を詰めたゴーヤーを全体にからませ、油で揚げる。
4. トマトは小さく刻み、玉ねぎはみじん切りにする。
5. フライパンに薄く油をひき、玉ねぎを炒め、火が通ったらトマト、だし、固形ブイヨン、ケチャップ、赤ワインを入れて煮つめる。
6. 揚げたゴーヤーを入れて、煮込む。
7. ハンバーグを皿にのせ、上からソースをかける。

にがみ度 ◎◎

ムシカキ&カチュンバリ風

アフリカで広く食べられている牛肉料理のムシカキは、肉を串焼きにして、野菜はキャベツ、青とうがらしを使います。ピリ辛でさっぱり味のカチュンバリ（野菜サラダ）とともに食べるので、夏バテにいいとアフリカに住んでいる日本人にも人気の料理です。これに、夏バテ特効薬野菜のゴーヤーをダブルスで組めば、天下無敵の一品になります。

【材料】

牛肉（ロース）、ゴーヤー……食べたいだけ
玉ねぎ、トマト、グレープフルーツ、いちじく、レモン果汁……適量
鷹の爪、タバスコ……少々

【つくり方】

❶ゴーヤーは縦に二つ割りにして種とわたをとりのぞき、薄くスライスする。軽く塩もみし、さっと洗ってかたく絞る。
❷玉ねぎ、トマトをみじん切りにする。
❸グレープフルーツの果肉をとり出す。
❹鷹の爪は種をとって、刻む。
❺ボウルに❶から❹までを入れ、レモン果汁とタバスコを加えてまぜ、ソースをつくる。
❻牛肉に塩、こしょうをして、手でもみ、網で焼く。
❼いちじくを1センチくらいに切る。
❽食べるときに、ソースをかけ、いちじくを添える。

にがみ度 ◎◎

■ソースの味をマイルドにするには、蜂蜜やすりおろしたりんご、キウイ、プルーンなどをまぜます。甘みを加えるのもいいものです。

ポテトゴーヤージャヤーマン風

ポテトとベーコン。この組み合わせにピッタリくるにがさ。ビールのおつまみに最適です。にがいのが苦手な人でも、不思議に喜ばれます。さっとできる、手軽な一品です。

【材料】
ゴーヤー、じゃがいも、ベーコン……食べたいだけ
オリーブオイル……適量
塩、こしょう……少々

【つくり方】
①じゃがいもは拍子木切りにして、水にさらし、水気を切る。
②ゴーヤーは縦に二つ割りにして種とわたをとりのぞき、5ミリくらいにスライスする。
③ベーコンは適当に切る。
④フライパンを熱し、ベーコンをオリーブオイルでカリカリになるまで炒める。
⑤じゃがいもを加えて強火で一気に炒め、最後にゴーヤーを加え、調味する。

にがみ度 ◎◎◎

■ゴーヤーもじゃがいもも火を通しすぎないようにしてください。ちょっと芯が残るくらいがおいしいです。カレー粉をふってもいいです。

スパイシースープ

ゴーヤーは生だけでなく、乾物にも独特の味わいがあります。
スープに合うのは乾物で、煮崩れしません。
歯ごたえがあってうまみも凝縮します。
生より栄養価も数倍高く、
冬にも食べられる、おいしいスープです。

【材料】
オイルサーデン……1缶
乾燥ゴーヤー……好きなだけ
だし汁……6カップ（固形ブイヨンでもよい）
ブラックペッパー……少々
レモン果汁……少々

【つくり方】
1 乾燥ゴーヤーを水につけて戻す。
2 鍋にだし汁を入れ、沸騰したら戻したゴーヤーの水気を切り、入れる。
3 オイルサーデンは、オイルを切って、サーデンだけ鍋に入れる。
4 ゴーヤーに火が入ったら、ブラックペッパーを入れて味をみながら、サーデンの味を生かして塩を加減する。
5 好みで食べるときにレモン果汁をかける。

にがみ度 ○○

夏子マリネ

マリネといえば普通は魚介類ですが、宮崎県椎葉村では秋にとれるふっくらとした椎茸を〝秋子〟と呼び、丸ごとマリネにします。ならば、〝夏子〟と呼ぶにふさわしいマリネもあっていいはず。冷たくして食べるのがおいしく、一本勝負できるのはやはりゴーヤーならでは。

【材料】
ゴーヤー……食べたいだけ
玉ねぎ、トマト、パプリカ……適量
小麦粉、卵、揚げ油……適量
漬け汁分量
酢、だし汁……各1カップ
塩……少々
薄口しょうゆ……10cc
砂糖……大さじ6杯

【つくり方】
❶ゴーヤーは縦に二つ割りにして種とわたをとりのぞき、厚さ1センチくらいに切る。玉ねぎは薄くスライスし、パプリカ、トマトは小さく刻む。
❷漬け汁の材料を鍋に入れ、加熱する。
❸マリネの漬け汁が熱いうちに玉ねぎの半分を漬け込む。
❹ゴーヤーを小麦粉、溶き卵にくぐらせて揚げ、熱いうちに漬け汁に漬ける。
❺残りの材料を加え、全体が漬かるようにする（ガーゼをかぶせておくとよい）。
❻粗熱がとれたら、冷蔵庫で冷やす。

にがみ度 ○

南蛮てんぷら

沖縄、長崎、天草に伝わるてんぷらは、南蛮渡来当初の姿を残しています。
もってりとした厚い衣には味がついていて、てんつゆいらず。さめてもおいしく、お弁当のおかずにも最適です。
衣がにがみを和らげてくれるので、子どもでも食べられます。

【材料】

ゴーヤー、他に好みでオクラ、玉ねぎ、にんじん、かぼちゃなど……食べたいだけ
揚げ油……適量
衣の分量
小麦粉……2カップ
片栗粉……2分の1カップ
水……1カップ半
卵……1個
塩……少々
薄口しょうゆ……50cc
砂糖……大さじ3杯

【つくり方】

1. ゴーヤーは縦に二つ割りにして種とわたをとりのぞき、食べやすい大きさに切る。ほかの材料も食べやすい大きさに切る。
2. 衣の材料を泡立て器でよくまぜる。
3. てんぷら鍋にたっぷりの油を入れ、点火する。
4. 材料を溶いた衣にからめて、少しずつ揚げていく。

にがみ度 ◎◎

生のゴーヤーをぞんぶんに食べる

【材料】
ゴーヤー、レタス、トマト、きゅうり、玉ねぎ、パプリカなど。果物、豆類もOK……食べたいだけ
ドレッシング分量
にんにく……3片
しょうが……親指大
玉ねぎ……2分の1個
酢……1カップ
だし汁……2分の1カップ
ワイン（赤でも白でもよい）……2分の1カップ
オリーブオイル……大さじ1杯
ごま油……大さじ1杯
黒糖……小さじ1杯

【ドレッシングのつくり方】
❶にんにくとしょうがをすりおろし、しょうがは搾り汁だけ使う。玉ねぎはみじん切りにする。
❷すべての材料をまぜあわせる。

にがみ度 ◎◎◎

■子ども向けには、ゆで卵を刻んでマヨネーズとケチャップにまぜあわせると、ゴーヤーのにがみが薄れます。水切りを十分にして、食べる直前に和えるのがポイント。

サラダの王様

野菜を豪華に盛り合わせてつくるサラダ。ゴーヤーが入るだけで、栄養価もぐっと高くなります。にんにく、しょうがを効かせたドレッシングで、最強のサラダのできあがり。サラダは飾りじゃないのです。

ゴーヤーフレッシュソース

すりおろしたゴーヤーの持ち味と色鮮やかな美しさを生かした洋風ソースです。サラダ、フルーツ、サンドイッチ、魚介類のフライ、クラッカーなど多様に応用できます。子どもでも「にがくなーい」と喜んで食べます。

【材料】

ゴーヤー、セロリ、マヨネーズ、ヨーグルト、ブラックペッパー、柑橘果汁……適量
じゃがいも、マカロニ……食べたいだけ
オリーブオイル……適量

【つくり方】

1. ゴーヤーは表面のイボイボだけをすりおろす。
2. セロリをみじん切りにする。
3. ①、②、マヨネーズ、ヨーグルト、ブラックペッパー、柑橘果汁をまぜて、冷蔵庫で冷やす。
4. じゃがいもはゆでて、粉ふきにする。
5. マカロニはゆでで、オリーブオイルをかるくまぜる。
6. 器にじゃがいもとマカロニを入れ、ソースをかけていただく。

にがみ度 ◎

刺身風

ゴーヤーのにがみがあるのはわたではなく、白くて硬い内側の部分。

だから、強いにがみは避けながらも、持ち味のにがみを殺さず、もっともぜいたくに食べる方法がコレ。

歯の弱い人にもお薦めです。

イボイボの表面だけを、
魚をさばく要領で、切り分けます。

新鮮なゴーヤーでなくてはできません。

【材料】
ゴーヤー……食べたいだけ
玉ねぎ、みょうが、しょうがなど……好みで適量

【つくり方】
❶ゴーヤーを縦に二つ割りにして、種とわたをスプーンでていねいにとりのぞく。
❷さらに縦に二つ割りにし、イボイボがある緑色の表面だけを、包丁ですべらせるようにしてそいでいく。中の白い部分を上にして、こちらをそぎ落としてもよい。
❸薄くスライスして、氷水にさらし、しっかり水切りする。
❹かつお節にポン酢か、しょうがじょうゆでいただく。

にがみ度 ◎◎

■残った部分は天ぷらやチャンプルーなどに加えてください。

魚を三枚に下ろすように、イボイボの表面を包丁でそいでいく

薄くスライスして、氷水にさらす

ゴーヤー緑酢

「緑酢」は本来きゅうりを使いますが、ゴーヤーの美しい緑とほろにがさを生かさない手はありません。夏においしいところてんやもずくとも抜群の相性。上品な酢の物ができあがります。おもてなし料理としてもお薦めです。

【材料】
ゴーヤー、もずく、ところてん、
　山芋……食べたいだけ
合わせ酢分量
柑橘果汁、だし汁……各2分の1カップ
薄口しょうゆ……20cc
砂糖……大さじ1杯

【つくり方】
1. ゴーヤーをよく洗い、表面のイボイボの部分だけをすりおろす。
2. 合わせ酢をつくる。
3. 山芋をすりおろす。
4. もずく、ところてんは洗って水気を切る。
5. 器にもずく、ところてん、山芋を盛り、合わせ酢をかけ、食べるときにすりおろしたゴーヤーをのせる。

にがみ度

生のゴーヤーをぞんぶんに食べる

鬼に金棒酢の物

オニオンスライスやわかめ、みょうが、オクラなど季節の野菜と海藻を組み合わせると、食感のさわやかな酢の物になります。一日に一品は食べたい酢の物としてもお薦め。栄養のバランスもよし、鬼に金棒です。

【材料】
ゴーヤー、玉ねぎ、わかめ、みょうが、オクラ……食べたいだけ
ポン酢分量
濃口しょうゆ……150cc
酢……1カップ
だし汁……2分の1カップ
日本酒……40cc
砂糖……少々

【つくり方】
❶ゴーヤーは縦に二つ割りにして種とわたをとりのぞき、薄くスライスしてたっぷりの氷水にさらしておく。にがみを和らげたいときは軽く塩もみする。
❷玉ねぎも薄くスライスし、氷水にさらしておく。
❸オクラ、みょうが、わかめなどと盛り付け、ポン酢でいただく。

にがみ度 ○○○○

夏の白和え

きゅうりの白和え、里芋の白和え、わかめの白和え、カツオの白和えなど旬にはその地でたくさんとれるものを単品で白和えにしたものが各地で食されています。
ゴーヤーを白和えにすると、にがみを豆腐がやさしく包んでくれて、コリコリとした歯ごたえが生きて、夏においしい白和えになります。

【材料】
ゴーヤー……1本
豆腐……1丁
みそ……大さじ1杯半
砂糖……大さじ2杯
ごま……大さじ3杯

【つくり方】
❶豆腐の水切りをする。1丁を4つに切り、それぞれペーパータオルでぐるぐるに巻いておくと早い。
❷ゴーヤーは縦に二つ割りにして種とわたをとりのぞき、薄くスライスする。軽く塩もみし、さっと洗ってかたく絞る。
❸ごまを炒って、する。
❹豆腐をすり鉢（またはボウル）に移してくずし、みそ、砂糖、ごまを入れてよくまぜる。
❺ゴーヤーを和える。

にがみ度 ◎

生のゴーヤーをぞんぶんに食べる

ゴーヤーでつくるごはん

カレー風味ちらし

つぎに紹介する涼味ちらしは大人向けですが、こちらは若い人向け。子どもも喜ぶ夏のおすしです。カレー味がきいて、とくに具がなくてもすし飯だけで食べてもおいしいです。レーズン、チーズ、エビフライなど洋風の具をトッピングしてパーティ料理としても楽しめます。

【材料】
ゴーヤー……2本
玉ねぎ……1個
ハム、パプリカ、みょうが……適量
米……5合
水……米と同量
だし昆布……10センチくらい
合わせ酢
酢……150cc
砂糖……大さじ1杯強
塩……小さじ1杯
カレー粉……大さじ1杯強

〔つくり方〕

1. 米を洗い、ザルにあげて水を切り、1時間ほどおいてから昆布を入れて炊く。
2. 合わせ酢の材料をなべに入れて加熱し、熱いままを炊き上がったご飯にかけてまぜ、すし飯をつくる。
3. ゴーヤーは縦に二つ割りにして種とわたをとりのぞき、薄くスライスする。塩もみし、さっと洗ってかたく絞る。
4. パプリカ、みょうがはせん切りに、ハムは適当に切る。
5. 玉ねぎは薄くスライスし、氷水にさらし、水気をふきんなどでとる。
6. 冷ましたすし飯に3、4、5の具をまぜる。

にがみ度 ◎◎

涼味ちらし

ちらしずしはつくるのが面倒と思われがちですが、これなら煮る、焼く、ゆでるも不要です。すし飯さえつくればあとは簡単。みょうが、青じそ、ちりめんじゃことのとり合わせが絶妙。食が進む夏のおすしです。

[材料]

ゴーヤー……2本
みょうが……4個
青じそ……10枚
ちりめんじゃこ……40グラム
ごま……大さじ3杯
のり、紅しょうが……好みで
米……5合
水……米と同量
だし昆布……10センチくらい
合わせ酢
酢……150cc
砂糖……大さじ1杯強
塩……小さじ1杯

[つくり方]

❶米を洗い、ザルにあげて水を切り、1時間ほどおいてから昆布を入れて炊く。
❷合わせ酢の材料をなべに入れて加熱し、熱いままを炊き上がったご飯にかけてまぜ、すし飯をつくる。
❸ゴーヤーは縦に二つ割りにして種とわたをとりのぞき、薄くスライスする。塩もみし、さっと洗ってかたく絞る。
❹みょうが、青じそはせん切りにして水にさらし、水気をふきんなどでとる。
❺ごまを炒って、する。
❻冷ましたすし飯に❸、❹の具、ちりめんじゃこ、ごまをまぜる。好みで、のりや紅しょうがを散らす。

にがみ度 ◎◎

甘苦どん

ゴーヤーと豚肉の相性はぴったりなので、これをちょっと中華風に仕立てたどんぶりです。
豚肉は脇役で、ゴーヤーが主役。どんぶりの主役になれる野菜はそうそうありません。甘辛でなく、甘苦《にが》さが新鮮な味わいです。

【材料】2人分
ゴーヤー……2分の1本
豚ばら肉……100グラム
白ネギ……適量
しょうゆ、砂糖……各大さじ2杯
豆板醤……小さじ1杯
ごま油、酒……少々
ご飯……食べたいだけ

【つくり方】
1. ゴーヤーは縦に二つ割りにして種とわたをとりのぞき、5ミリくらいにスライスする。
2. 豚肉はゆでて脂抜きをし、食べやすい大きさに切る。
3. 鍋を熱し、ごま油をひき、豚肉を炒めて調味してからゴーヤーを入れ、歯ごたえが少し残るくらいで火を止める。
4. ネギの白い部分を細くせん切りにして水にさらす。
5. ご飯をどんぶりに入れ、3を盛りつけ、白髪ネギをのせる。

にがみ度 ◎◎

にがうま焼き飯

パンチがきいたゴーヤーのうまさをご飯とともに味わえる、夏にふさわしい料理です。ゴーヤーたっぷりで、味を少し濃い目につければ、ビールにも合う焼き飯になります。

【材料】

ゴーヤー……400グラム
玉ねぎ……1個
にんじん……70グラム
にんにく……4片
ご飯……茶わん4杯分くらい
しょうゆ……大さじ2杯
塩、こしょう、ごま油……少々
油……適量

【つくり方】

1. ゴーヤーは縦に二つ割りにして種とわたをとりのぞき、薄くスライスする。
2. 玉ねぎ、にんじんはみじん切りにする。
3. にんにくはたたいてつぶす。
4. フライパンに油をひき、にんにくを入れて炒め、玉ねぎ、にんじんを入れて火が通ったらご飯を加える。
5. 塩、こしょうで味をととのえ、ごま油としょうゆをジャーッと回しかけ、ゴーヤーを加えてまぜる。

にがみ度 ◎◎◎

■ゴーヤーは、余熱でも十分火が入るので最後に入れます。パプリカを入れるときれいです。

夏カレー

夏のカレーはサラーッとしたスープカレー風がおいしいものです。何が何でもゴーヤーを食べたい「ゴーヤー党」なら、カレーにもゴーヤを入れます。なすも不可欠。さっぱりとした中にゴーヤーの存在感を感じる夏カレーです。

【材料】

ゴーヤー、なす、玉ねぎ、にんじん、
　トマト……食べたいだけ
だし汁、にんにく、カレー粉、片栗粉、油……適量
塩、しょうゆ……少々
ご飯……食べたいだけ

【つくり方】

❶ゴーヤーは縦に二つ割りにして種とわたをとりのぞき、食べやすい大きさに切る。ほかの野菜も食べやすい大きさに切る。
❷にんにくはたたいてつぶす。
❸ゴーヤーとトマト以外の野菜を、にんにくとともにだし汁で煮込む。
❹ゴーヤーを軽く油で炒めて❸に加える。トマトも加え、カレー粉、塩、こしょうを入れて調味する。
❺片栗粉を水で溶き、とろみをつける。

にがみ度 ◎◎◎

■市販のカレールーでもOK。その場合、片栗粉は不要です。

おやつとお茶請け、ドリンク類

風雅砂糖煮

酒のつまみであって、お茶請けにもなるというのは
まさにゴーヤーならでは。
このほろにがさは、ブラックチョコレートに通じます。

【材料】

ゴーヤー……食べたいだけ
白砂糖……ゴーヤーと同量

【つくり方】

❶ゴーヤーは縦に二つ割りにして種とわたをとりのぞき、3センチくらいの厚さに切る。
❷大きめの鍋にゴーヤーを入れ、たっぷりの湯で5分ほどゆでる。
❸❷を1、2回繰り返し、水にさらす。
❹水を切ったゴーヤーと砂糖を鍋に入れ、強火にかける。水分が減るまでは強火、煮つまってきたら弱火にする。
❺大きな泡が出始めたら、手を休めず木べらを使ってまぜてさらに煮つめ、火を止める。
❻火を止めてもそのまま、砂糖が白くパラパラになるまでまぜ続ける。

にがみ度 ◎

■驚くほど砂糖が多いようですが、半分以上は鍋に残るので、あとは調理に使えます。

きっぱん

首里に伝わる琉球菓子「きっぱん」は、沖縄にとれる柑橘クニブとカーブチを使い、白砂糖でつくる格調高い伝統の茶菓子です。この味にほれ込んで、ゴーヤーと黒砂糖でつくった創作菓子です。

【材料】

ゴーヤー……大1本
黒砂糖……100グラム
水……50cc
きな粉……適量

【つくり方】

❶ゴーヤーを縦に二つ割りにして種とわたをとりのぞき、5×3センチぐらいの長方形に切る。
❷ゴーヤーを2度ゆでこぼし、水を切る。
❸なべに黒砂糖と水を入れて加熱して溶かし、とろみが出てあめ状になったらゴーヤーを入れて弱火で煮つめる。
❹ゴーヤーを入れるとゆるくなるので、煮崩れしないようにさらにあめ状になるまで煮つめる。
❺火を止め、皿にゴーヤーをひとつずつ広げて、熱いうちにきな粉をまぶす。

にがみ度 ◎◎

■保存は冷蔵庫で1週間くらい。

ゴーヤーチップス

この本のレシピの中で一番ゴーヤーをたくさん使います。家庭菜園で腐るほどできて、もてあましているという人にはとくにお薦め。ポテトチップスの自家製がおいしいように、これも手づくりが一番。ビールのおつまみにもよく、子どもも喜ぶおやつにもなります。

【材料】

ゴーヤー……食べたいだけ
揚げ油、塩……適量

【つくり方】

❶ゴーヤーを縦に二つ割りにして種とわたをとりのぞき、5ミリくらいにスライスする。
❷布かペーパータオルで押さえて水分をとる。
❸ザルに広げ、しんなりするくらいまで（4〜5時間）陰干しする。
❹たっぷりの油を熱し、中温ですこしずつ、かりっとなるまで素揚げする。
❺揚がったら、熱いうちに塩をふる。

にがみ度 ○○◔

コリコリゴーヤー

冬に食べておいしい、珍味のゴーヤーです。いつまでもコリコリとした食感が失われていないのが不思議。雪の降るような寒い夜に、熱燗の肴で食べるのが格別です。

【材料】

ゴーヤー……約4本

漬け汁分量（ゴーヤー4本に対して）

薄口しょうゆ……1カップ

酢……2カップ

柑橘果汁……1カップ

酒……1カップ

砂糖……少々

【つくり方】

❶ゴーヤーを縦に二つ割りにして種とわたをとりのぞき、1センチくらいに切る。

❷ゴーヤーの水気をふきとり、保存容器に入れる。

❸漬け汁の材料を合わせ、ゴーヤーがかぶるくらいまで入れる。

にがみ度

○○○○

■保存は冷蔵庫で。これは長期保存用の漬け汁なので、ちょっと濃いめです。早めに食べきるときは薄口しょうゆを減らし、だし汁で割るといいでしょう。残った漬け汁は、ドレッシングにも使えます。

梅しそ漬

鹿児島ではお茶請けに古くからつくられてきた保存食です。梅干の種を入れておくことで保存性が高まり、食感も残ります。種を入れるのがコツです。

【材料】

ゴーヤー……大2本
氷砂糖……200グラム
梅漬けのしそ……200グラム
梅干……4〜5個

【つくり方】

❶瓶を熱湯消毒し、完全に乾燥させる。
❷ゴーヤーを縦に二つ割りにして種とわたをとりのぞき、1センチくらいの厚さに切る。ふきんやペーパータオルで水気をしっかりふきとる。
❸梅干の種と実をわける。
❹ボウルにゴーヤー、しそ、氷砂糖を入れて、梅干の実、種も加え、まんべんなくまぜあわせる。
❺瓶に移して、密封する。1週間目くらいから食べられる。

にがみ度 ◎

翡翠ゼリー

美しい翡翠色とさわやかなにがみが、不思議に黒蜜のやわらかな甘さと合います。これは、大人のデザートです。

【材料】
ゴーヤー……約250グラム（大1本程度）
粉ゼラチン……10グラム
水……3カップ〜3カップ半
黒蜜
　黒砂糖、水……同量
　レモン汁……少々

【つくり方】
❶ゴーヤーを縦に二つ割りにして種とわたをとりのぞき、一口大に切る。ミキサーにかけ、布で絞って汁をとる。
❷❶の汁100ccを鍋にとり、水を加えて沸騰させて火を止め、あらかじめふやかしておいた粉ゼラチンを溶かす。
❸ゴーヤーの汁を全部加えてまぜあわせ、水でぬらした容器に流し入れ、粗熱がとれたら冷蔵庫で冷やす。
❹黒砂糖を水で溶かして中火にかけ、へらでかき混ぜながら細く糸を引くまで煮つめ、冷ます（黒蜜）。
❺食べるときに黒蜜をかけて、レモン汁を少々加える。

にがみ度 ◎◎◎

■グレープフルーツを添えたり、ヨーグルトをかけたりしてもいいです。

ジュース＆すりおろし

にがいがうまい！
の一言に尽きるジュースです。
夏バテ予防、二日酔いのあとにもお薦め。
みるみる体に染み入っていくようです。
飲みやすくするには、布で漉して
ジュースや蜂蜜を加える方法もありますが、
せっかくの繊維質がもったいない。
ゴーヤー通になったら、
すりおろし100％でどうぞ。

【つくり方】

1. ゴーヤーの表面のイボイボだけをおろし金ですりおろす。
2. すりおろしたものをそのままコップに入れ、好みで水か炭酸水で薄め、蜂蜜かシロップで甘みを加える。

にがみ度 ○○○○○

ゴーヤー酒

アルコール度数の高い泡盛や焼酎の力を借りると、ゴーヤーのもつ瑞々しい清潔な香りと、さわやかにがみが引き出されます。そのマイルドなにがみが、一日の疲労をやさしく癒してくれます。食前酒にも食後酒にもお薦めです。

【材料】

ゴーヤー……使う容器に入るだけ
泡盛または焼酎（アルコール度数43度以上）……使う容器に入るだけ

【つくり方】

❶広口の瓶を熱湯消毒し、完全に乾燥させる。
❷ゴーヤーを縦に二つ割りにして種とわたをとりのぞき、1センチくらいの厚さに切る。ふきんやペーパータオルで水気をしっかりふきとる。
❸容器にゴーヤーを入れ、泡盛または焼酎を入れる。
❹冷暗所に1カ月以上置き、ゴーヤーをとりだす。
❺ロックや、ジンジャーエール割り、トマトジュース割りなど好みで飲む。

にがみ度 ◎◎

■甘めが好きな人は、氷砂糖を好みで入れてつくってもよいのですが、入れずにつくって、飲むときに蜂蜜などで甘みを調整することをお薦めします。

ゴーヤーのルーツと食文化を探る

「ゴーヤー」と「にがうり」って同じもの？

原生の形とにがみを残す、アクの強い個性派野菜

「ゴーヤー」の名で一躍、有名になった野菜のにがうりですが、植物名は「ツルレイシ」です。熱帯果実のレイシに似た形状からついた名前といわれます。Momordica属の植物で、「噛んだ」という意味のラテン語に由来するように、種子にはぎざぎざがあります。種子をよく食する熱帯アジアの国々では、種も食べられています。

ご存じのようにゴーヤーにはにがみがあります。その正体はモモルデシンという成分です。きゅうりがもつにがみと同じもので、果肉、とくに内側の壁面部分に含まれています。

きゅうりも昔のものはにがみのあるもので、形も瓜のように太くて白や黄色で、九州では酢の物の「きゅうりがき」にしたり、煮たりもしました。今も地きゅうりとして残っているものもありますが、きゅうりは品種改良が進み、にがみのないものが多くつくられるようになりました。これにくらべてゴーヤーは、原生の形とにがみを残している、現代では珍しいアクの強い個性派野菜です。

マイルドなにがみの沖縄のゴーヤー、猛烈ににがい九州のにがうり

日本では沖縄や九州を中心に栽培され、食用とされてきた地方野菜のひとつです。「ゴーヤー」は沖縄の方言で、栽培を始めた人の名が合屋《ごうや》という姓だったからという話が伝わっています。九州では一般にはにがうりと呼ばれていて、方言を使うお年寄りなら、福岡では「にがごうり」、鹿児島では「にがごい」、熊本では「にがごり」とも呼びます。いずれも「苦瓜（にがうり）」の訛りです。

沖縄と九州での呼び名は一線を画していますが、形状など品種の系統も異なり、食べ方にも明らかな相違

左が九州のにがうり、右が沖縄のゴーヤー

がみられるなど、文化圏のちがいを表すものにもなっています。

沖縄のゴーヤーは、ぽってりとした肉太で緑も濃く、見るからに存在感のある、夏野菜の王様です。夏、収穫の最盛期には三〇センチを超すほどで、フランスパン並みの太さになります。

「ゴーヤー」という名になんともぴったりくるこのユニークな体型。そう思うのはきっと私ばかりではないでしょう。

これに比べて、九州のものは中長か、長くても細いのでダイナミックという風体ではありません。体型は長身の細身で、やや色白といったところでしょうか。けれど猛烈に、にがいのです。沖縄のものは見かけによらず、にがみがマイルドで、九州のものはとにかくにがみが強い。イヤイヤ、正確にいえば、にがみが強かったのです。

「猛烈ににがい!」は、今や幻

そのにがみも今は幻となりました。近年の沖縄ブームとともにゴーヤーが人気野菜となったからです。県外への出荷が始まった一九九二年から一〇年間で出荷量は五倍以上に伸び、生産が追いつかない状況です。生鮮野菜のなかでもあまり日持ちしないゴーヤーは空輸されるため、値段にはねかえってきます。ゴーヤーは、産地から遠い人たちにとっては、人気の庶民野菜というわりに値段は高級品です。そのため、九州での産地化が急速に進みました。価格の面で有利だったからです。

また、一般向けの野菜として大量消費されるにはにがみも強くないほうがよいというわけで、またたくまに沖縄タイプ、すなわちマイルドなにがみのものへと品種改良されていきました。在来品種が淘汰され、人気のないものは市場から消えていくのは、この野菜にあっても例外ではありません。地方野菜という、目立たない存在として根強く生き残ってきたものの、注目される存在となったことで、ほんの数年の間であの強烈ににがいにがうりはもうどこを探しても見つからないものになってしまいました。従来の在来種の絶滅も懸念され、農水省は一九九五年、九州各県でにがうりの種を集め、遺伝子を保存することにしたほどです。

見た目は沖縄産、じつは九州産

産地化が進みそれぞれの産地で名前を工夫するようになったことで、店頭には変な名前も現れました。「レイシゴーヤ」もあれば「ゴーヤレイシ」もあって、まぎらわしいことになっています。

もともと九州では、ツルレイシを略してレイシと呼ぶ、誤った呼び名も一般化していたため、これに沖縄タイプのゴーヤーが品種的に合体したことで、その名も混合したようなものになったのでしょう。見た目には沖縄の「ゴーヤー」でもじつは九州産が多いことを、奇しくもその名が表しています。現在、全国的に広まっているものは、にがうりというよりその名も「ゴーヤー」と呼ぶほうが似つかわしい、というのが現実なわけです。とくに、本州以北ではこの野菜を「ゴーヤー」として認知した人も多いかもしれません。

さて、このような状況から、この本ではひとつ、一般名称として「ゴーヤー」と呼ぶことにしたいと思います。ただし、九州在来のものに限っての話については「にがうり」と呼ぶことで区別することにします。

ゴーヤーの魅力今昔

「大人の野菜」だった九州のにがうり

そもそも九州のにがうりは、沖縄でのゴーヤーに比べると、非常に地味な野菜でした。第一に昔の「にがごうり」はあまりににがいので、好んで食べる人も少なかったのです。私も子どものころは、なぜ大人がこんなにがい野菜をわざわざ食べるのかと不思議でした。我が家では父がもっぱらなすとのみそ炒めを酒の肴にしていたのですが、これを見ているだけでも体中ににがみが走る気がしてぞっとしたものです。

それというのも、好奇心でただの一度でも口にすれば、それはそれは子どもにとってこの世のものとは思えないにがみの衝撃だったからです。しかし、これがいわば子どもの味覚の洗礼みたいなもので、やがて大人になってゆくにつれていつのまにかそのにがみを受け入れていて、今ではこの味なくしては夏を過ごせなくなっているのですから、味覚というのは不思議なものです。

檀一雄も礼賛した、「日本的食品の秀逸」

福岡で育った作家の檀一雄は食通の料理好きでも知られていますが、この食材を「夏の夕べをいろどる日本的食品の秀逸だと信じる」と言い切っています。そして、自身の子どものころどのようにして食べていたかも紹介しています。

その著『わが百味真髄』（中央公論社、一九八三年）によれば、種子をとって、さっと熱湯をくぐらせた後に、薄く切り、酢みそ和えにしたり、あるいは油炒めにしてみそ田楽ふうに仕立てあげていたとあります。

これが大正六、七年ごろのことで、明治・大正調の夏の食べ物だったと書いています。料理をつくってくれる祖母に、今夜のご馳走はなんじゃか？　と尋ねて「ニガゴリたい」と返ってくると、「アイタ」とベロを出してしょげかえったものだった、ほろにがいニガゴリの味は、やっぱり永い修練を経ないと、その苦味のほんとうの味わいはわからないものだ、そうして、酒のつまみに食べることを覚える年になってみると、これこそが夏の夕べにかけがえのない鎮静と清涼を与えてくれるものだと述懐し、「廃絶させるには惜しい夏の味」として、このにがうりを賛歌しています。

そんなマイナーだった地方野菜が廃絶するどころか、「全国区」へのデビューを果たしました。野菜のなかで著しく消費量を伸ばしているのが、ゴーヤーだというのですから、ちょっと愉快なことです。そして、テレビ番組や雑誌などにもひんぱんに取り上げられ、話題になり、〝スター野菜〟になっていった背景には、今という時代の様相も見えてきますし、おもしろいこともいろいろと読み取れてくるのです。

野菜はサラダやフライパン料理で簡単に食べるものに

日本は古来から野菜を多食する民族です。世界的にみても、イタリア、韓国に次ぐ野菜消費大国でした。しかし、近年はアメリカにも逆転されるほど、野菜大国の地位はゆらぎつつあります。とくにここ一〇年ほどで、家庭での野菜消費量が激減しているのです。

一方、パプリカ、ズッキーニ、チコリのような西洋野菜の新顔が次々に出ていて、けっこう人気のようです。と同時に、ケチャップやドレッシング、マヨネーズの消費量は増えていますが、みそやしょうゆの消費量は減少しています。食卓が洋食化し、野菜は煮炊きするより手軽にサラダで食べるという若年層の食傾向を反映しているからで、これは食べ方の変化によるものです。

かつての食卓に登場していたおひたしや酢みそ和えのような、野菜をゆでるといった下準備や煮炊きに時間を要するものは、めんどうなものと思われているのでしょう。洗って生のまま市販のドレッシングでもかけるだけ、そしてフライパンで炒めるだけの料理が手っ取り早くてラクということのようです。ホウレンソウも今は、根っこに土のついたものを洗っておひたしにするより、水耕栽培された生食用が年中売られていて人気です。

ユニークな形、鮮やかな色がオシャレ

大家族だった時代には重宝されていた大きさも今は厄介もので、冬瓜や大根、かぼちゃといった重くてかさばる「重厚長大型」野菜は買い物にも保存にも嫌がられているらしく、また丸々使いこなせないということもあって、カット野菜としてかろうじて売り場に生き残っているという悲しい状況です。

最近はプチトマトやキャロットなどのミニサイズものの野菜が〝かわいい〟野菜として人気のようです。ブロッコリーの新芽野菜といった超ミニ野菜の「スプラウト」商品が、その「親」より高濃度栄養（ブロッコリーなら四〇倍）だとしてアメリカで開発されたのも、かわいいだけでなく、生食で摂るには通常の野菜の栄養価では間尺に合わないということで、これこそサラダ大国アメリカの発想です。いかに野菜の摂取をサラダ料理に依存しているかの現れでもあります。

重厚長大から軽薄短小、これは、産業構造とともに野菜の世界にまで及んできているわけです。季節感や地方差がなくなっているというだけでなく、とにかく簡単に料理できて、見た目にもオシャレな感じであることが必須条件なのです。

ゴーヤーは、こういう時代に求められている条件を満たしている野菜だといえます。生でも食べられて、サラダ向き。それに、スライスしたときの形が花びらみたいで、盛り付けて絵になるというユニークさもあって魅力です。グリーンの色も美しく、サラダに映えるので、百貨店の地下食料品売り場でもゴーヤーのサラダは定番の惣菜になっています。九州では全国チェーンのファミリーレストランでもちゃんぽんメニューにゴーヤー入りが登場し、夏の人気商品となり、マスコミでも紹介されています。

おまけに、栄養価でも群を抜いた「ヘルシー野菜」ときています。これも、人気の理由です。

にがい野菜は、どちらかというと現代人には嫌われそうなはずなのですが、なぜ、これほどの人気野菜になっていったのでしょう。

ゴーヤーの「にがさ」が体に効く

「にがみ」を好んで食べるウチナンチュー（沖縄の人）

沖縄では、にがみのあるフーチバー（ヨモギ）を野菜として食べます。ジューシー（炊き込みご飯）にしたり、匂いの強いヤギ肉の匂い消しには欠かせません。苦菜（にがな）は文字通り苦い菜で、生のまま刻んで白和えにします。江戸時代には広く日本で食されていた野菜ですが、沖縄では王朝時代からの薬草として今も健在です。もっともにがみの強烈なウコンも沖縄では王朝時代からの薬であったことも、近年の健康食品ブームでよく知られています。

このようににがいものを厭わず食べてきた歴史が沖縄にはあります。これは、中国からの影響を強く受けたものです。

味覚を表す言葉に、「五味」があります。甘（あまい）、辛（からい）、苦（にがい）、酸（すっぱい）、鹹《かん》（しょっぱい）。このなかで、もっとも人間が苦手とするのが「にがい」なのです。なぜかというと、人間にとって「食べられるものであるか否か」を識別するのに、味覚的ににがいものを避ける本能があるからだといわれています。太古の時代から、にがいものには毒のあるものが多かったからというのですが、それでも五味のひとつに入っているのは、人間にとって必要不可欠な味覚でもあるということなのです。

にがいものは体をさます

「薬食同源」の国、中国では食物の味への嗜好から体質や体調をみる、法則のようなものがあります。たとえば、胃腸が弱くなってくれば、淡白で口当たりのよいものを好むようになり、にがみのあるものをとらなくなるといわれています。食物には薬と同様に、薬効に近い食能や、食性、食味があって、とくに、食物の性質と味の組み合わせを重視しています。その思想の根底には、「陰陽五行説」という、中国古来の宇宙観があります。これは、物事にはすべて陰陽があるという考え方に立つもので、たとえば、冬と夏、裏と表、体を冷やすものとあたためるものといったように、食べ物にも、また食べる人の体質にも陰陽があるというものです。

陰の体質の場合は軟、濡《じゅ》の作用のあるしょっぱい、からい、温のもの、すなわち体をあたためるものを食べるべきで、陽の体質は清涼、堅硬の作用のあるにがい、寒のもの、すなわち体を冷やすものを食べるのがよいと教えています。つまり、陰陽のバランスが崩れたときには、その反対の食性をもつもので是正するという考え方です。食物には性味があって、これを五行に分類したものが、薬膳の基本となっています。

また、五味のなかで「にがい」は五臓の「心」に作用し、熱状を鎮める作用や体内の湿を乾かす作用があ

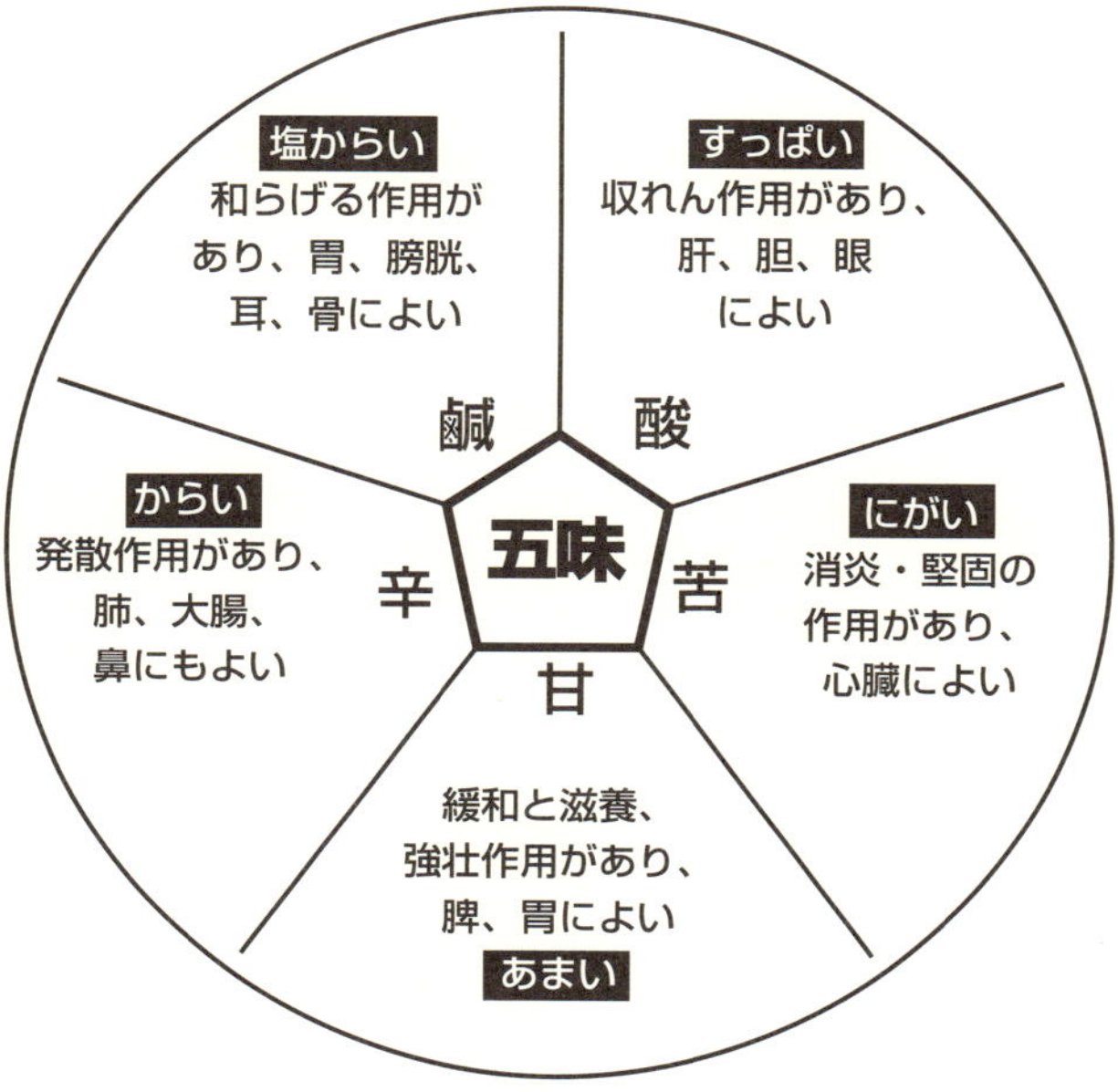

五味
酸
すっぱい
収れん作用があり、肝、胆、眼によい
苦
にがい
消炎・堅固の作用があり、心臓によい
甘
緩和と滋養、強壮作用があり、脾、胃によい
あまい
辛
からい
発散作用があり、肺、大腸、鼻にもよい
鹹
塩からい
和らげる作用があり、胃、膀胱、耳、骨によい

五味の分類

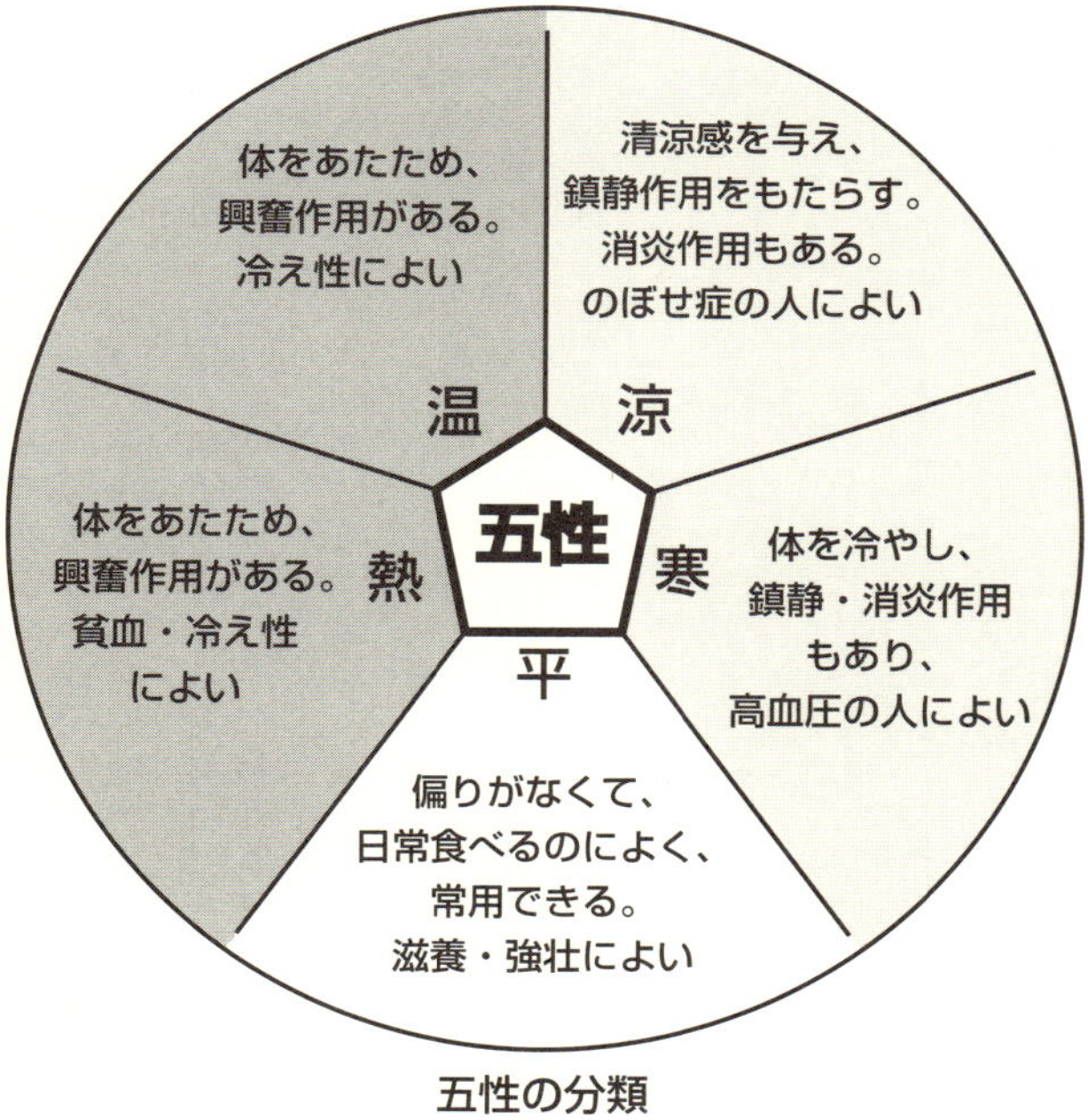

五性
涼
清涼感を与え、鎮静作用をもたらす。消炎作用もある。のぼせ症の人によい
寒
体を冷やし、鎮静・消炎作用もあり、高血圧の人によい
平
偏りがなくて、日常食べるのによく、常用できる。滋養・強壮によい
熱
体をあたため、興奮作用がある。貧血・冷え性によい
温
体をあたため、興奮作用がある。冷え性によい

五性の分類

るとされています。

この考え方からみると、ゴーヤーやなす、トマト、きゅうりのような夏の果菜類は「体を冷やす食べ物」が多く、暑い夏に食するのに適していて、れんこんや山芋のような冬の根菜類は「体をあたためる食べ物」なので寒い冬に食するのに向いています。このように、旬には旬の食べ物を食べることで自然にバランスがとれるようにできているわけです。

中国的にみれば、毒のあるものやアクの強いものが多いとされてきた「にがいもの」であっても、このにがいものにしかない良さもあるのだから、うまく取り入れることが肝心だという教えです。

にがみを避ける現代日本人だが……

日本にも、「良薬、口に苦し」という諺があるように、にがいものを健康のために摂る必要性を諭す考えは古くからありました。では、現代の日本人の嗜好はどうでしょうか。

近年は「激辛」ブームや韓国料理の人気もあって、からいものは若いひとたちに好まれています。と同時に、あまい洋菓子、ジュース類などの甘味が日常的に食べられています。ハレの日くらいしか甘いものが食べられなかった昔に比べると、今は「あまい」と「からい」に偏り、「にがい」や「すっぱい」、「しょっぱい」ものはあまり好まれていないように思えます。

栽培野菜においても、品種改良によってそれぞれの食材のもつにがみやアクが失われていっているのは、こうした日本人の味覚の変化へ対応した結果といえるのかもしれません。野菜もサラダ向きで生食に合うものが主流になっています。陰陽でいえば、現代日本人の嗜好は「体を冷やすもの」ばかりに傾いていて、胃腸が脆弱になっているということがいえそうです。

ゴーヤーはヒートアイランドの救世主

近年、これまではゴーヤーの栽培に無縁だった関東・東北にまで産地化が広がり、さらに北上しています。需要が後押ししているというだけでなく、温暖化現象も関係しています。今や、夏の暑さが厳しいのも沖縄だけのものではなくなりました。都会の暑さも沖縄並で、全国の気象図をみると、真夏は最高気温が沖縄を越えているところも少なくないようです。

温暖化で、連日三〇度を超す猛暑と熱帯夜は都会の夏を象徴するものにもなっているのですから、暑すぎる都会でゴーヤーが人気になるのも一向に不思議ではありません。

いいえ、むしろ暑すぎる都会でこそ、ゴーヤーを食べるべきなのではないでしょうか。かつては「地方野菜」だったゴーヤーが、「都会野菜」になってきたということでしょう。

「夏は夏らしく暮らす」がおいしく食べる秘訣

「ゴーヤーは体を冷やす食べ物だから、食べ過ぎるのはよくないのではないか」、そんな質問を受けたことがあります。冷暖房で年中快適温度を保てて、運動や重労働も必要のない生活をしていれば、たしかに体を冷やすものを多く食べることは感心できません。しかし、夏は元来、体を冷やすものをふつうより多く食べたほうがよいほどに汗をかき、エネルギーも使い、体も火照っている状態が自然なのです。冷房などなかった昔の暮らしはそうでした。

今は自分で意識的に生活環境をつくらなくては、そんな「自然な暮らし」も手に入れられません。いかに食べるかと同じくらいに、いかに暮らすかも大事なことなのです。

ちなみに、私の夏は毎日毎日、ゴーヤーを食べる日々です。すりおろしただけのものをスプーンで食べ、サラダでも食べ、焼きゴーヤー、みそ炒め、ピーマンやなすとさっと炊いたり（きゃら煮風）というぐあいに、日々いろいろな料理を楽しんでいます。一日一本くらいは食べていますが、冷えることはなくへっちゃらです。ただし、お茶は夏でも中国式にできるだけ熱いものを飲むようにしています。仕事場では冷房を使わず、自然の風と扇風機だけです。窓を開けていれば涼しく、夏の室温は三〇度くらい。だから、ゴーヤーもおいしく、大いに食べられるというわけです。正確にいえば、よりゴーヤーをおいしく食べるためにもそうした環境づくりに励んでいる、という動機があるわけですが。

私の場合、少々運動不足気味ではありますが、それでも夏に適度に汗をかくので、冬にひどい風邪をひくということはほとんどありません。ゴーヤーが夏バテに大いに役立っているのを、実感しています。要は、食と生活とのバランスの問題なのです。

もともと食べ物に、良いもの、悪いものがあるというのは少しおかしな言い方で、私は、長い歴史のなかで人間の食べてきたものに「悪いもの」があるとは考えていません。逆に、どんなに栄養的にすぐれたものであっても、それさえ食べれば健康であるというような「良いもの」があるわけでもなく、ましてや〝食べ過ぎてよいもの〟もあるはずはないのです。

アーモンドやココアが体によいからと毎日飲食し、あるいは豆腐が体によくダイエット向きだからと毎日一丁食べ、その結果太ったというような笑い話もあるように、今の時代は「体にいい」が「好きなものを食べ過ぎる」ことの大義名分になるという落とし穴に気をつけなくてはなりません。

偏食・飽食の現代人にはゴーヤーが効く

アクのないものが好まれるなかで、にがみの強い個性派野菜の「ゴーヤー人気」は一見、意外な現象にもみえます。人気野菜といっても、ゴーヤーはけっして万人向きの人気ではありません。この野菜ほど好き嫌いがはっきり分かれているものもないからです。

レシピ集（『「にがい」がうまい』『続・「にがい」がうまい』）を出版してみて驚いたのは、ゴーヤーが大好きという読者の人は他のレシピ集の読者に比べて男性層が多く、たとえば「九州出身だけど、妻はちがうのでにがうりを料理してくれない」、「自分でつくりたいので、レシピ集がほしい」という声が多くありました。また、意外にも若い人が多かったのです。

一般には野菜嫌いは若い人に多く、女性より男性に多いといわれますが、ゴーヤーはそういう人たちに人気があるということです。これはどう考えればいいのでしょうか。

単にユニークでかわいいから、栄養があるからという理由で片づけられそうにはありません。私は、野菜離れが進む一方で、食生活がこれ以上悪く傾きすぎないようにバランスをとろうとする一種の防衛本能が現れてきたものと読み取れるように思います。それは、「にがい」野菜というおよそもっとも現代人には好まれそうにないものを、今をときめくスーパースターにする必要があるほど、偏食に陥っていることの現れかもしれないということにもなるのです。

太陽の栄養、ゴーヤーは夏野菜の王様

含有量が多く、加熱してもへこたれないビタミンCの威力

日本中で夏のもっとも長い沖縄ではゴーヤーが「夏野菜の王様」と呼ばれ、夏バテの特効薬といわれてきました。ではつぎに、そのヒミツを探ってみましょう。

まず、特有のにがみ成分のモモルデシンはきゅうりに含まれる成分と同類で、肝機能を高める作用（ファイトケミカル）があるといわれ、果肉にもっとも多く含まれています。さらに、健胃、鎮静作用があるため、食欲増進を促してくれるのです。

ゴーヤーは健康と美容にはとくに欠かせないビタミンCの王様でもあります。皮ふや骨をつくるのに必要

ゴーヤーとほかの野菜との栄養成分比較

（100g当たり）

	カルシウム	カリウム	ビタミンA	ビタミンC	食物繊維
ゴーヤー	14mg	260mg	250μg	120mg	2.6g
きゅうり	24	210	150	13	0.8
キャベツ	43	210	18	44	1.9
セロリ	34	360	290	6	2.4
ピーマン	10	200	270	80	2.3
レモン果汁	7	100	-	45	-

（四訂食品成分表）

ビタミンC含有量　残存率の比較

（mg／100g）

ゴーヤー	（生）120	（油炒め）110
ピーマン	（生）80	（油炒め）80
キャベツ	（生）44	（ゆで）24
ブロッコリー	（生）160	（ゆで）50
なばな	（生）120	（ゆで）36

（四訂食品成分表）

なコラーゲンの生成を助けるため、〝若返りのビタミンC〟といわれるほどですが、このビタミンCは疲労を回復させ、夏風邪などの病気に対する抵抗力を強くする働きがあるので、夏バテ予防の味方なのです。ストレスや発ガン物質を抑制し、血中コレステロール値を下げ、鉄分の吸収をよくする働きもあります。このビタミンCの含有量が、身近な野菜や果物のなかでもっとも高く、可食部一〇〇グラムあたり一二〇ミリグラムも含まれています。レモンの約四倍、同じ夏野菜のきゅうりと比べれば約八倍です。

ただ、野菜に含まれるビタミンCは不安定なのが難点で、野菜に含まれる酵素によって酸化されると働きが失われ、加熱することでもっとも損失してしまいます。ところが、ゴーヤーのそれは加熱しても損われないのも大きな特性です。

ホウレンソウを例にあげれば、油炒めにするとビタミンCが生に比べて約三割減少し、二分ゆでると約四割も損失してしまいます。このような葉菜類に比べてゴーヤーやピーマンなど果皮の硬い果菜類は、強い細胞壁に守られているため細胞内の成分が外に流出しにくいのです。加熱によってビタミンCが失われにくい理由です。

ビタミンCの多い食品 (mg/100g)

グアバ	270
パセリ	200
ゴーヤー	120
しいの実（生）	110
ゴーヤー（油炒め）	110
ホースラディシュ	110
あまのり	100
ししとうがらし	90
とうがらし葉（生）	85
つるむらさき（生）	80

（四訂食品成分表）

三分の一本で一〇〇グラム、一回に食べる量も多い

栄養学的には、野菜は一日に三〇〇グラム食べるべきだといわれます。野菜の三〇〇グラムという量はサラダなどの生野菜で食べるには多すぎて、なかなか食べられるものではありません。サラダホウレンソウならスーパーに売られているものの通常一束でも一〇〇グラムほど。レタスなら、小ぶりのもので一玉丸々食べなくては一〇〇グラムにもなりません。

それならと、ビタミンC含有量の多いものを食べれ

ばいいと思うかもしれませんが、ほかに多いものといえば、パセリやとうがらしの葉。これなどは多く食べるのはちょっとむずかしいでしょう。

そこでゴーヤーの登場です。ゴーヤーは重量のある野菜なので、三分の一本で一〇〇グラムにもなります。煮る、炒め合わせるなどして加熱調理すれば、簡単に食べられる量です。しかも、その一〇〇グラムにビタミンCの一日にとるべき目安の、五〇ミリグラムは優に含まれているので、夏に不足しがちなビタミンCをとるのにもってこいの野菜なのです。

中性脂肪をためこまない

ゴーヤーは食物繊維やビタミンA（カロチン）もバランスよく含んでいます。ビタミンAは油で炒めることで吸収率も高まります。ゴーヤーに含まれるビタミンCは加熱してもほとんど損失しないので、炒め料理にすると、ビタミンAとともに効率よく摂取できることになります。

ただ、炒め料理の場合、肉類を多く入れたり、日常的に食べることで中性脂肪をためすぎることには気をつけなければなりません。とくにバテ気味になると脂っこいものを食べたがるようになります。ところが、ゴーヤーのビタミンCは、中性脂肪を落とし、バランスをとってくれるのです。

ゴーヤーが沖縄で「夏負けの野菜」として、チャンプルーにされるのはじつに理にかなっているのです。

ゴーヤーはどこからやってきた？

原産の熱帯アジアでは重要な食用野菜

ゴーヤーの原産地は熱帯アジアです。高温多湿の気候に適し、乾燥にも強いため、南方の国々では重要野菜として、通年で栽培されています。厳しい夏に必要とされる野菜の王様的存在で、現在、インドやバングラデシュでは一〇センチほどのミニサイズのものがつくられています。緑色は濃く、イボイボの突起が長いものが主流ですが、大きさや緑色の濃さ、果皮の硬さ、イボの状態などいろいろあって、猛烈ににがい品種もあります。

中国へは十五〜十六世紀（明の時代）に伝わり、華南、華中、華北へと北上しながら広まっていったようです。漢名は、苦瓜《クウグア》、錦茘枝《チンリーヂ》。日本へは十六世紀末ごろ中国から伝わってきたものと思われます。中国と独自に交易をしていた沖縄へは、その過程で伝播したか、

（バングラデシュ）

（バングラデシュ）

（スリランカ）

（マレーシア）

熱帯アジアで見られるゴーヤー（カッコ内は国名）　（写真　藤枝國光）

あるいは南方から別ルートで直接伝わってきたと考えられています。

ゴーヤー（ツルレイシ）の属するMomordica属と同じ種類に属する植物は世界に四〇種ほどあるといわれていますが、そのなかで、食用野菜として栽培されているのは二種類で、ツルレイシと、もうひとつカックロール（kakrol）があります。

カックロールは果実の形がレモンのようで、細いトゲ状の突起に覆われていて、色も緑色から熟すと黄金色になります。にがみはほとんどないといわれ、「ゴーヤー」のイメージとはかなりちがいますが、ビタミ

カックロール

（写真　藤枝國光）

ンCの含有量は、ツルレイシの二倍もあるといわれています。にがみがないので、煮込み料理に適していて、インドやバングラデシュ、タイではカレーの食材にもなっています。保存食的にはピクルスとしても使われていて、日常の食生活に根づいた野菜です。

ネパールでは種ごとごま和え、東南アジアでは炒め物やサラダ

ネパールでは、ゴーヤーを種ごと輪切りにしてゆでてごま和えにもするそうですが、その他のアジアの国々ではもっぱら炒め物かみそ煮などにして食べています。

フィリピンや東南アジアではイボが丸みを帯びて形も中太、果皮の硬い食感が好まれ、なすやへちまとともに油で炒めたり、みそ煮込みにすることが多いようです。

一年中食べられているのがインドネシアで、むきエビと炒め物にするか、多くは生でサラダにします。軽く塩もみして、パパイヤの葉やマンゴーの葉など薬草にするような葉を用いて、〝サニバル〟と呼ぶソースをかけて食べるのが一般的です。日本での食べ方との

ちがいは、わたの部分をほとんどとらないこと。種だけとって調理します。にがみがこの部分にあって、しかもそのにがみが体によいので、とらないと考えているからです。薬草を使うのも同じで〝薬〟として食べるという感覚があるようです。

これに対して、中国では豚肉と炒めるか、あるいは種とわたをとった中に、炒めた豚肉などを詰めて蒸した料理などもあります。概して炒めものと、蒸す料理が多いのは中国料理の特徴ですが、この炒め料理に多種の野菜を使います。ゴーヤーもそのひとつで、主に肉と組み合わせることが多く、沖縄料理との共通点です。

九州では江戸時代からの伝統蔬菜
赤い種は子どものおやつ

では、にがうりは日本ではどのように定着したのでしょう。

江戸時代の筑前藩の儒学者で「養生訓」の著者として広く知られる貝原益軒が編記した「筑前國續風土記」の土産考に、「苦瓜《つるれいし》」が取り上げられています。「つるあり。實の色は綿の如く、形は瓜の如し。茘枝に似たり。小児食す。」とあり、この書物に着手された元禄年間、一七〇〇年頃にはすでに九州には土着していたことがわかります。

にがうりは熟れると果皮が黄色くなって裂開し、その果実の中にある種子のまわりには、赤い皮膜がかぶさっていて少しねっとりとした甘さがあります。当初は、この種衣を子どもたちがおやつ代わりに食べていました。

果実を調理するようになったのはもう少し後年のことのようです。当初はやはり、にがみが敬遠されたのでしょう。

もともと中国や熱帯アジアでは果実より種を食べるところが多く、スイカやかぼちゃなどは果実より種をとるために栽培し、その種を乾燥させてそのまま食べますが、ゴーヤーの場合は、乾燥させず、裂けた実からとった種を生のまま食べる古来からの食べ方が、今でもなされています。

日本では、種だけを好んで食べるということはなく、果実の調理法が発達しました。九州や沖縄に土着することで、アジアの国々ともちがういろいろな日常食が多く生まれていったのです。

同じく貝原益軒の記した「大和本草」には、「実の青いときに皮（果実）を煮て肉と豆油を入れる」といった調理法も紹介され、その実が甚だ苦いので「苦瓜」というのだと語源についても書かれています。

へちまと一緒に つるを這わせた薩摩藩

一七七三年から一八〇四年に編集された大規模な農業の百科全書「成形図説」は薩摩藩主の島津重豪の時代で、これにはにがうりがへちまとともに描かれています。このように一緒に垣根につるを巻いて成っている風景は沖縄では今も珍しいものではありません。つる性のものは棚に這わせると日よけになるため、昔からへちまや冬瓜などとともに植えられていたのです。にがうりのにがみは虫も近づかないほどで、虫除けにもなるので開けっ放しの昔の住居には重宝がられていました。ちなみに、へちまは沖縄ではナーベラーと呼ばれ、ゴーヤーとともに夏野菜として食べられている、身近な野菜です。みそ汁の実や、みそ煮にもしますが、やや土臭さがあって、とろーっとした舌ざわりを好きな人は多いものです。九州でも、かつては夏野菜のひとつとして食べられていました。

庭先のゴーヤーは放っておいてもあまりにどんどん実ができてくるので、おそらく、これはもったいない、なんとかして食べようと、工夫するようになり、次第

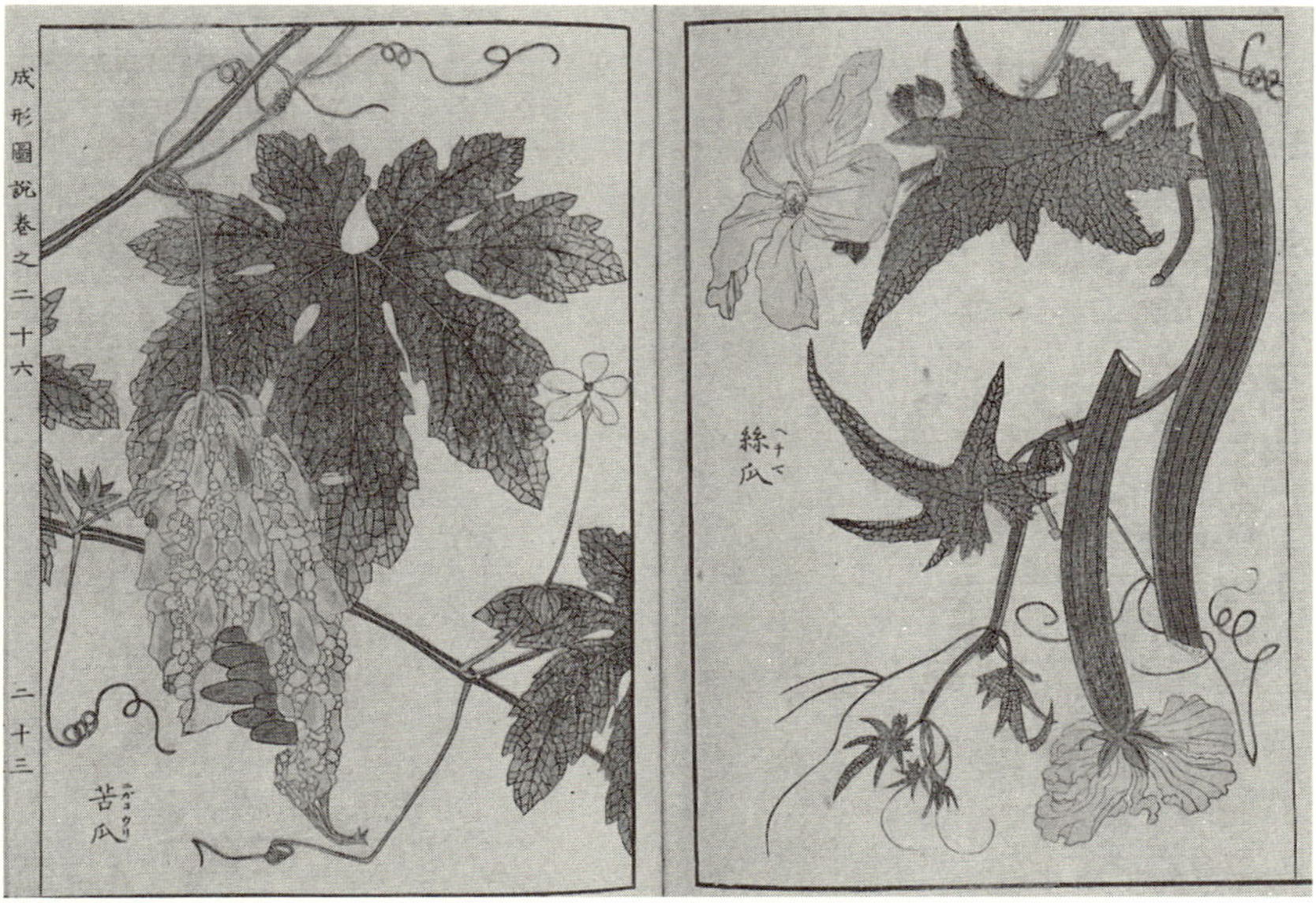

成形図説に描かれているにがうり（左）とへちま（右）（国立公文書館所蔵）

遠西船上画譜に描かれている「れいし」（東京国立博物館所蔵）

に蔬菜として定着していったのではないかと思われます。

一八五五年頃に制作された「遠西船上画譜」には、「れいし」として黄色く熟れてずんぐりとした下膨れの形で描かれています。この頃も、まだ果実を野菜として食べるより、熟れて、種子をとることが中心だったのがわかります。

沖縄のゴーヤー料理と九州のにがうり料理を徹底比較

沖縄ではいちばん身近な野菜であり、民間薬

ゴーヤーは、炎天下でも手間いらずで育つ剛健な野菜です。虫も近寄らないため農薬いらずで、手間いらず。昔は、日よけも兼ねて農家の庭先にはどこにも植えられていました。NHKのテレビ番組で親しまれた「ちゅらさん」でも、古波蔵家では台所の窓から手を伸ばし、庭の棚にぶら下がっている実を鋏で切って料理するシーンがたびたびでてきました。確かに、ゴーヤーは買う野菜というよりも、今でも沖縄の家庭では庭先にぶらさがっている、文字通りもっとも身近な野菜なのです。

なんといっても沖縄の夏の暑さは厳しく、肉体労働が中心だった昔は、体力がもっとも落ちる季節でした。夏バテにならないものを食べる、その筆頭が昔からゴーヤーで、いやがる子どもにも食べ覚えさせてきたほどです。

古くから中国の影響を受けてきた沖縄には、「食はクスイムン」という諺があり、中国でいう「薬食同源」（食べ物は薬）の考えが基本に根づいていて、何がどのように体によいか、どういうときにはどういうものを食べるかという教えが日常の食生活に受け継がれてきました。

ゴーヤーの葉も茶にせんじたり、風呂に入れてあせものできた体をこすったり、ヨモギのように葉の汁を傷口に擦りこんだりというように、食べるだけでなく民間薬としてもあますところなく使われてきました。

台風が来ても大丈夫、ゴーヤーは回復力強くて実も多い

沖縄は台風の襲来が多いので、作物も被害を受けま

す。ただでさえ、葉菜類や根菜類が不足する夏場ですから、たとえ倒されても生命力が旺盛で、庭先に二本ほど植えれば、四〜五人家族がひと夏、毎日のように食べられるくらい、つぎつぎによく成るゴーヤーやへちまは、青いままを野菜として食べるパパイアなどとともに貴重でした。

ちなみに沖縄で車麩や素麺などの保存のきく乾物を使った料理（麩イリチー、ソウミンプットゥルー）が発達したのも同じ理由で、台風が来ると麩屋がもうかるといわれました。麩は今日でも、学校給食に登場するほど親しまれています。

栄養、ボリューム、経済性、そしておいしさを兼ね備えた「ゴーヤーチャンプルー」

沖縄では主に乾物を炒めたものが「イリチー」、麺やご飯など主食になるものを炒めたら「プットゥルー」。「チャンプルー」は、主に野菜を豆腐と組み合わせて炒める料理のことで、味付けは塩味です。マーミナ（モヤシ）と組み合わせれば「マーミナチャンプルー」。この料理のもっとも代表的野菜がゴーヤーなのです（16ページに紹介）。

もともとはゴーヤーと豆腐だけで炒めていたのでしょうが、戦後に広まった庶民料理なので、豊かになるにつれて豚肉やポークランチョンミート（缶詰の豚肉）、かつお節を加えたり、最後に卵でとじるようになってきたというように、進化してきた料理です。ゴーヤーだけでは不足するたんぱく質を多く含むのが豆腐や肉類ですから、これらを組み合わせることで栄養のバランスもとれます。

沖縄では、戦後もしばらく一汁一菜式（ご飯にみそ汁とおかず一品）の食事がふつうでした。豆腐とあわせるゴーヤーチャンプルーはボリュームもあって簡単で、おなかを満たすにもいい料理だったのです。にがい野菜を嫌う子どもにも、卵でとじればにがみも和らぐので食べやすくなります。それも庭に成っているゴーヤーでつくるのだから経済的でもありました。栄養的にも補完し合った食材の組み合わせで、まさに完璧です。

「味くーたー」という言葉があります。味がこってりとしていることをいうのですが、濃い味付けという意味ではありません。沖縄で多食するといわれる豚肉も、昔ながらの料理は、ゆで水も換えて、何時間もゆでて脂を落としてから調理するのが基本です。概して、沖縄料理はだしが効いていて味付けは薄いのが特徴です。だしは、かつお節とゆで汁からとった豚だし。塩や砂糖の消費量が全国平均より二割ほど低いことでも知られているように、伝統的な料理には、塩分が濃いものや甘みの強い料理は多くありません。

しかし、油は摂ります。「アンダガーギー」という、油が足りなくて油に飢えるというような意味で使われる言葉もあるのです。亜熱帯気候で夏が厳しいため、体は油っぽいものを求めるのでしょう。油で炒めればビタミンAの吸収もよくなるので、沖縄の人たちが「チャンプルー」を好むのは、自然なのです。

近年の研究ではゴーヤーと豆腐、豚肉、卵の組み合わせは、油で炒めることでさらに抗酸化力が高まることもわかってきています。沖縄の風土と知恵が生んだ、すぐれた料理といえます。

ゴーヤーチャンプルー

九州でポピュラーなのは、なすとの「みそ炒め」

夏バテに効く野菜として食べられてきたのは、九州でも同じです。ただ、同じ食材でも九州にくれば、調理法が変わります。

まず、チャンプルーが「みそ炒め」に変わります。檀一雄いうところの「田楽風」です。組み合わせるのも豆腐ではなく、もっぱらなす。にがうりとなすを薄く切って油で炒め、みそ、砂糖で味をつけるだけの、シンプルなものです。これがもっともポピュラーで、おそらくもっとも古くからつくられてきたにがうり料理です（この本では「ふるさと煮」として13ページに紹介）。

油との相性がいいゴーヤーですが、みそとの相性もいいものです。しかし、鹿児島ではなすだけでなく、豆腐と炒めて、みそで味をつけます。家庭によっては豚肉を入れたり、かつお節もよく使います。最後に卵でとじるという、きわめて沖縄のチャンプルーに近いものもあります。薩摩藩が沖縄を統治していた時代に、沖縄の食文化の影響を受けていたことがこんなところにも現れているのです。

小麦粉で、にがみ封じの「どろりあげ」

みそ炒めの次に、熊本や大分、福岡でもうひとつよくつくられてきた料理があります。こちらは、味付けがしょうゆで、小麦粉でとろみをつけます。

大分では「こねり」と呼ばれています。国東地方ではみそ炒めにして、小麦粉でとろみをつけ、これを「オランダ」と呼びます。

熊本では阿蘇地方で「どろりあげ」といい、かぼちゃと組み合わせるのが特徴です。かぼちゃの甘みが加わって食べやすく、どろりとした仕上がりがおいしさをかもしだしています。どろりと仕上がるから「どろりあげ」、これが名前の由来です（12ページに紹介）。

熊本も南部では「こくらえ」といい、北部から福岡南部にかけては「こかけ」と呼ばれます。

呼び名も組み合わせる食材も多少は地域によってちがいますが、この料理は一般にはなすやピーマン、かぼちゃなどの夏野菜を組み合わせて油で炒め、だしで煮て、しょうゆで味をつけた後、水溶きした小麦粉をまわしかけてとろみをつけます。このとろみによってにがみが和らぐので、食べやすくなります。こかけやこねり、こくらえの「こ」は、小麦粉の「粉」。

九州は小麦の作付けも多く、農家で自家製粉してい

どろりあげ

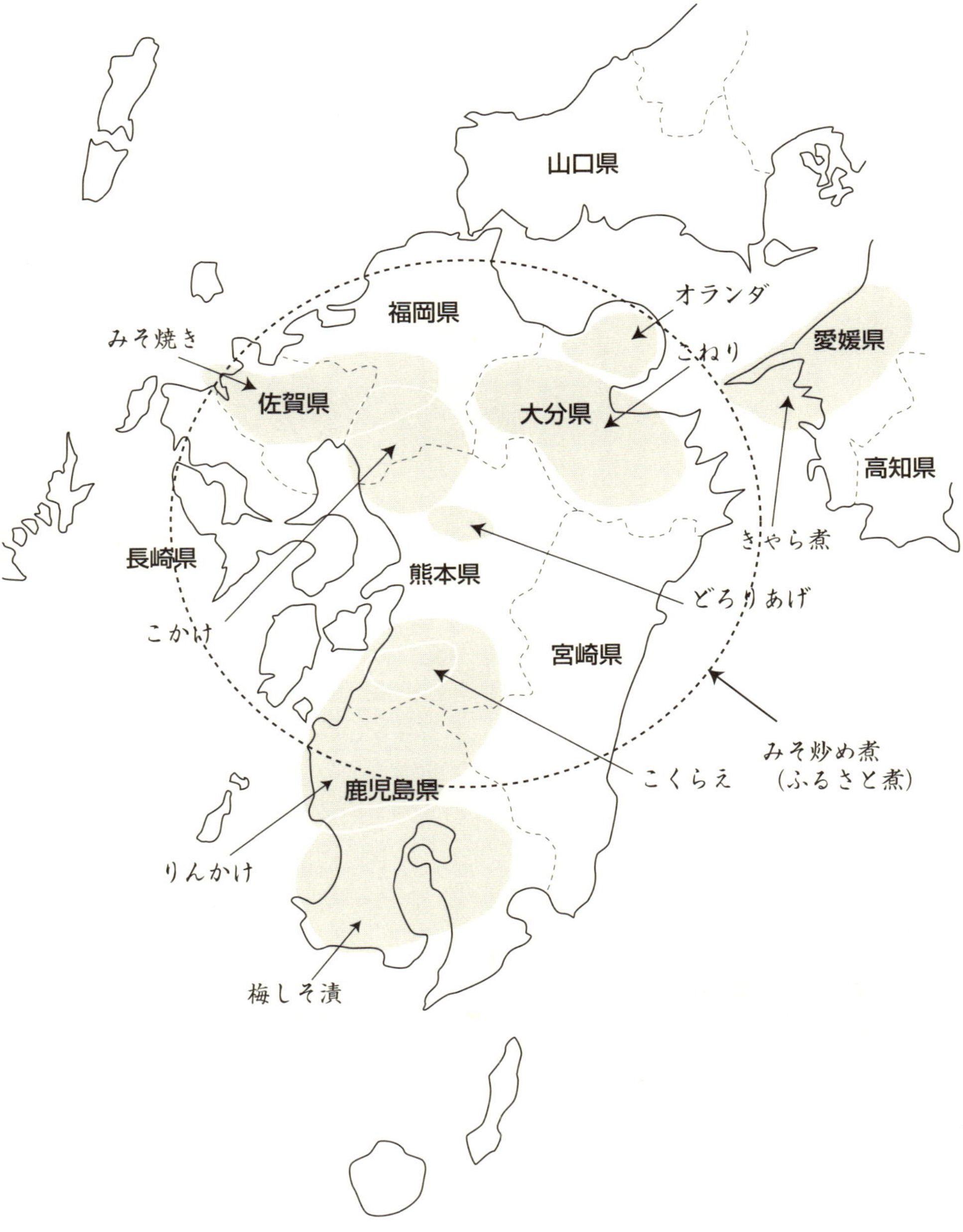

九州、四国のにがうり料理の分布

たころは、節米のために小麦粉をフル活用しました。野菜たっぷりの汁に小麦粉をこねて寝かせただんご（だご）をひきのばして入れた「だご汁」はいうまでもなく、だごをゆでたものを煮しめに入れて増量した「煮しめだご」や、練った粉を細くのばしてゆでてからきな粉につけた「やせ馬」、さつまいもを入れて蒸した「いきなりだご」や「里芋まんじゅう」、水溶きして薄く油で焼いて中に黒砂糖を入れる「ふな焼き」など、ご飯の代用食として、また、おやつとして小麦粉利用が発達しました。

「こかけ」もそうした小麦粉利用法のひとつで、農村部を中心につくられてきました。九州在来のにがうりは沖縄のものに比べてにがみが強いので、こういう調理法が工夫されたともいえるでしょう。九州独特のにがみ封じの調理法です。

究極のにがさの「焼きにがごり」は〝通〟好み

「焼きにがごり」も九州独特です。沖縄では「煮る」料理に比べて「焼く」料理が少なく、魚料理にしても「塩焼き」や、干物にして焼く「焼き魚」がありません。ゴーヤーも例外ではないのです。にがうりは「焼く」という方法がもっともにがみを強くする調理法です。在来のものはきゅうりのように細かったので、だいたい丸焼きにしたようです。少し焦げるくらいに焼いて、中の種とわたをとってもよいのですが、そのまま厚めに切ってしょうゆとかつお節、ポン酢などで食べるのを〝おつな味〟としたといいます。これはなかなかのにがさ！　焼酎のアテ（肴）に、夏の夕べにふさわしい一品としてよく食べられてきました。

佐賀では「みそ焼き」にもしました。昔の人は「に

みそ焼き

がうりはなすと相ぶち（相性がいい）」といっていましたが、九州在来のなすは長なすで、皮が硬くて焼きなすに向いているので、なすを焼きながらにがうりも一緒に焼いたのでしょう。

種とわたをとった内側にみそを塗って焼くと、みその焦げてくる匂いがよく、酒飲みに好まれたようです。丸焼きより、みその焼けた香ばしさににがみが緩和され、食べやすく、にがみもいい味になってくれます（14ページに紹介）。

にがみの強いにがうりのある九州で、このようなにがみを倍加させる料理があるというのもおもしろいもので、九州人はけっこうにがみに強い、〝通〟なのかもしれません。

酒の肴には「酢みそ和え」や「ぬか漬け」

酒の肴といえば、酢みそ和えもあります。昔は刺身も、ゆでた野菜も山菜も何でも酢みそで和えていたのではないかと思えるほど、ふるさとの料理に酢みそは欠かせませんでした。今でいうマヨネーズやドレッシングみたいなものです。にがうりも薄切りしたものをさっとゆでて和えるだけですが、少しにがみが和らぎ、肉や魚を食べるときの箸休めにもいいものです。

田舎では「ぬか漬け」にもします。これもまた、非常ににがいのですが、不思議に酒の肴になります。

「酸いも甘いもかみ分ける」という粋な人を形容する表現がありますが、にがみがわかるのも同様で、ある程度の食体験と実年齢を味覚に重ねてこなければ感じ取れない「うまみ」なのでしょう。

甘いお菓子「りんかけ」、甘い漬物「地漬」

元来、味付けは甘い九州。甘い、甘いにがうり料理だってあります。たとえば、鹿児島の「かば焼き」。九州でももっとも味付けが甘くてしょうゆの味も甘い鹿児島らしいにがうり料理のひとつです。

おやつを兼ねた保存食にも甘いものがあります。熊本南部、鹿児島には柑橘類の種類も多く、「ざぼん漬」に代表されるように、ざぼんや夏みかん、甘夏などを保存食をかねて「りんかけ」をつくります。砂糖で煮つめたもので、にがうりでもつくります。甘さのなかにほろにがさのあるにがうりのりんかけは、お茶菓子にとても合います（この本では「風雅砂糖煮」として40ページに紹介）。

鹿児島には、梅干しに漬けたしそと氷砂糖に漬け込んでおいた「梅しそ漬」が、お茶請けにもされました。これだけにがいものを、おやつにするという発想もなかなかなものです（45ページに紹介）。

甘い保存食としては、沖縄にも「ジージキ（地漬）」があります。黒砂糖で漬け込んだものです。亜熱帯に位置する沖縄ではぬか漬けなどの漬物は腐ってしまうので、パパイアや大根などの野菜はだいたい地漬にするのです。

りんかけ（風雅砂糖煮）

伊予の「きゃら煮」は、おつな味

四国の伊予地方にも、すぐれた保存食が伝わっています。海を隔てた大分との往来があったせいか、九州と同じ在来種が農家を中心に、広く自家用に栽培されています。宮崎あるいは大分では、在来白皮にがうりとして、長く主流だった品種によく似ています。大分から伝播して、土着したのでしょう。みかんの産地として知られる温暖な気候にはよほど合っているらしく、わざわざ栽培するというようなものでもなく、畑に草のごとくどんどん生えてくるという感じです。

この地方では、蕗や山椒の実、椎茸類や山菜など季節にたくさんとれたものは何でもしょうゆ辛く煮つめて「きゃら煮」にします。

ここに限らず昔は、冬なら大根や白菜、春ならたけのこなど、旬の時期にありあまるほどとれるものを塩蔵したり乾物にして保存し、毎日のように食べても飽きがこないように、さまざまな調理の工夫をしたものでした。冷蔵庫もなく、いかに保存するかも、料理の一部になっていたのですから、大根を干してたくあん漬などの漬物にしたり、保存食にすることでも変化をつけてきたのが日本の食文化です。にがうりもまた、同様だったのです。

この地方でのふだんのにがうり料理といえば、細いにがうりを輪切りにして種ごと炊くだけ。「きゃら煮」はいわばこれを炊き詰めたもので、さっと炊いただけのものは、おかずになります。種ごとというといかにもにがそうな感じがしますが、それほどでもありません（19ページに紹介）。

きゃら煮は最後に梅酒を加えるのがコツ

もともと、にがい部分というのは種やわたではなく、内側の壁面部分です。種やわたをとりのぞくとき、この部分を丁寧にこそげとるのが調理のポイントだといっているのは、そのためです。ここをおろそかにして、煮込み料理にすると、にがみは煮汁や他の材料に全部移ります。しかし、この料理が全体ににがみが行き渡ることなく、ただにがいばかりの味にはならないのには、地元流のコツがあります。

お年寄りの間では、味自慢に自家製の「きゃら煮」を分け合っていて、聞けば、保存用にはじっくりと煮詰めるだけでなく、最後に梅酒を加えるのがにがみをおいしさにするコツだとか。確かに炊き詰めることで味の深みがでてきて、きゃら煮と呼ぶにふさわしい、おつな味わいになります。

ただし、沖縄タイプのゴーヤーでつくってもこうはなりません。まず、沖縄のゴーヤーでは太すぎて種ごと輪切りにするのも無理な話で、出来上がりの味のよさからいっても、この料理だけは在来種に限るといってもいいくらいです。やはり、料理は、食材や品種に合ったものなのでしょう。これも「チャンプルー」と同様に、ふるさとの料理のすぐれた知恵なのです。

保存法の工夫で、新しいおいしさ発見

保存法は、種とわたをとって冷蔵庫へ

ゴーヤーは案外、日持ちしない野菜です。三〇度を越す夏場は、室温で置きっぱなしにしておくとすぐに黄色くなり、しなびてきてドロドロに溶けていきます。ビタミンCの含有量も当然ながら減少していきます。保存は、中の種とわたをとって新聞紙にくるんでポリ袋に入れると、冷蔵庫で一週間くらいは大丈夫です。

切って冷凍すれば、新鮮なおいしさを手軽に味わえる

もっとも簡単な長期の保存法は、冷凍です。生のままスライスして、ポリ袋などに入れて密封するだけでいいのです。解凍しなくても、そのまま調理に使えます。使うだけの量で冷凍しておくと、そのつど使えて便利です。三カ月くらいは保存できます。

天日に干して太陽の栄養を凝縮

長期に保存するには、干すのがいちばんです。干し大根や干し椎茸と同じく、生のものを天日に干すだけ。薄く切ってからザルなどに広げます。夏は天候もわりあい安定しているので、家庭菜園でたくさんとれてしようがないという方にお薦めです。

あっというまにできます。椎茸なども同じですが、天日に干すとちぢみすぎるためおどろくほどすくなくなります。そこが、見栄えはよいもののあまりちぢまない機械乾燥とのちがいで、干すときにはまとめて大量にするとよいでしょう。

ゴーヤーの葉は、乾燥させて煎じれば、お茶にもなります。葉にはにがみはなく、ドクダミ茶やハブ茶などを飲む習慣のある人は、こうしたほかの茶葉とブレンドして飲むと味がでてきます。夏は冷やすととくに

生と乾燥の栄養比較

（mg/100g）

	カルシウム	カリウム	鉄分	マグネシウム	ビタミンC
ゴーヤー	14	260	0.4	14	120
乾燥ゴーヤー	290	3100	4.9	320	840

（財・沖縄県環境科学センター分析）

飲みやすくなります。

いずれも、乾物にすることでかなり長期の保存ができるので、冬の食材としても楽しむことができます。これは乾物全般にいえることですが、保存がきくだけでなく、歯ごたえが残ることで別な食感に変わるので、生のものとはちがった素材として生かすことができます。干したゴーヤーは、紙袋に入れた上でポリ袋に入れて冷暗所に保存すれば半年くらいは十分もちます。

また、干すことで太陽の栄養をさらに凝縮させるので、ミネラルなどの栄養価が高まります。生の大根と干し大根では、カルシウムは一五倍、鉄分は三〇倍、ビタミンB_1、B_2は一〇倍というぐあいに、ほとんどの乾物が生のもののもつ栄養価に比べて数倍から数十倍にも高まります。また、量的にたくさん食べられるのも乾物のよさで、効率よく栄養を摂りたい人向けともいえます。

ゴーヤーの普及とともにこれからは干し大根並に、「乾燥ゴーヤー」は商品としてもポピュラーなものになってくるでしょう。「目には目を」ではありませんが、「太陽には太陽を」。太陽の栄養そのもののようなゴーヤーを乾物でも生かしたいものです。

薬酒はビター・ゴールド

飲み物としての活用法もあります。薬草の宝庫、沖縄では薬酒づくりもさかんです。薬酒にならないものはないほど、何でも薬酒にはできますが、もちろん「ゴーヤー酒」もつくれます。ゴーヤーを泡盛か焼酎に漬けるだけです。ゴーヤーはあとで引き上げますが、にがみのさわやかさがここに残ります。胃腸にすっきりとくるのは、にがみ成分のもつ健胃・鎮静作用なのでしょう（48ページに紹介）。

ピクルスにも最適食材

この本でも紹介している「コリコリゴーヤー」は、

しょうゆの効いた和風ピクルスです。各地で調理法を尋ね歩いていくときに出会ったものですが、これまで知るどの保存法にもないコリコリとしたゴーヤーの食感のよさをうまく引きだしています（44ページに紹介）。

冬に食べると季節ちがいなだけにちょっとした珍味なると聞き、冷蔵庫で保存したところ食感が少しも失われていません。教えてくれた人によれば、これは地方伝来のものではなく、元は誰から聞いたのかわからないそうで、どうやら口コミでゴーヤー好きを通して伝わってきたもののようでした。それだけおいしく、そして、ゴーヤー好きも増えてきているということなのでしょう。

今は近所や親戚付き合いより自分の仕事や趣味を優先する人が増え、料理や食材の普及、伝承の場も「地域社会」から「ネットワーク社会」へ移行しつつあります。このような個人主義時代だからこそ、ゴーヤーという昔ながらの〝アクの強い個性派〟がかえって脚光を浴びるのかもしれません。

家庭菜園とプランターでゴーヤーを育てる

品種えらびと入手先

ゴーヤーは栽培が簡単で、病害虫にも強く、家庭菜園にぴったりの野菜です。収穫期間は短くなりますが、北海道や東北でもつくれますので、ぜひ挑戦してみてください。

6～7ページで紹介したように、ゴーヤーには円筒形の宮崎タイプ（にがうり）と、紡錘形の沖縄タイプ（ゴーヤー）があり、果実のにがみや果肉の厚さ、突起（イボ）、水分量などが異なります。いろいろな品種をつくって、自分の好きな品種を探したり、料理によって使い分けしてみるのもいいでしょう。

沖縄のゴーヤー（中長系統）

種はタキイやサカタなど各種苗メーカーから販売されており、園芸店で購入できます。ただし、中長系統の種苗は、今のところ沖縄以外ではあまり見かけないようなので、沖縄の種苗メーカーから直接、取り寄せるのをお勧めします。

種苗の問い合わせ先

会社名	住所	電話番号	扱っている種苗
㈲フタバ種苗	〒901-1205　沖縄県島尻郡大里村字高平871	098-946-6385	中長、短太など
田中農園沖縄営業所	〒901-0231　沖縄県豊見城市我那覇511	098-850-9548	中長、短太など
万葉種苗	〒904-2173　沖縄県沖縄市比屋根1009	098-933-0608	中長、短太など
わかば種苗	〒900-0022　沖縄県那覇市樋川2-1-25	098-832-5422	中長、短太など
比嘉種苗	〒901-1205　沖縄県名護市大中1-2-4	0980-52-2415	中長、短太など
グリーンプラザ川崎与次郎店	〒890-0062　鹿児島県鹿児島市与次郎1-11-26	099-258-0001	さつま大長など

苗づくり

種まきは浸水してから

ゴーヤーの種皮は硬くて吸水しにくいため、発芽に時間がかかったり、ばらつきが出てしまいます。発芽をしやすくするため、種の先のとがったほうを、爪切りや花ばさみなどで切って傷をつけ、水に約二時間程度浸してからは種します。あまり長く浸しておくと水腐れするので注意します。浮いたタネは捨てます。

床土は水はけが悪いと種子が腐りやすく、発芽不良を起こしやすくなるので、腐植土に砂を等量混ぜて、水はけのよい床土をつくります。種まき・育苗用培土も市販されているので、それらを利用するのもよいでしょう。

底に穴をあけた発泡スチロール箱やトロ箱に床土を五センチぐらいの厚さに敷き、種子間を二センチ、条間を四センチにして、一粒ずつ平らにまきます。種まき後、軽く（一センチ程度）覆土をしたらかん水をして、乾燥を防ぐために濡れた新聞紙をかぶせておきます。新聞紙は発芽直前にはずします。

発芽適温は二五～三〇℃で、四日程度で発芽します。二五℃以下の日が多い場合は、ビニールハウスに入れたり、大きな

露地栽培の栽培暦

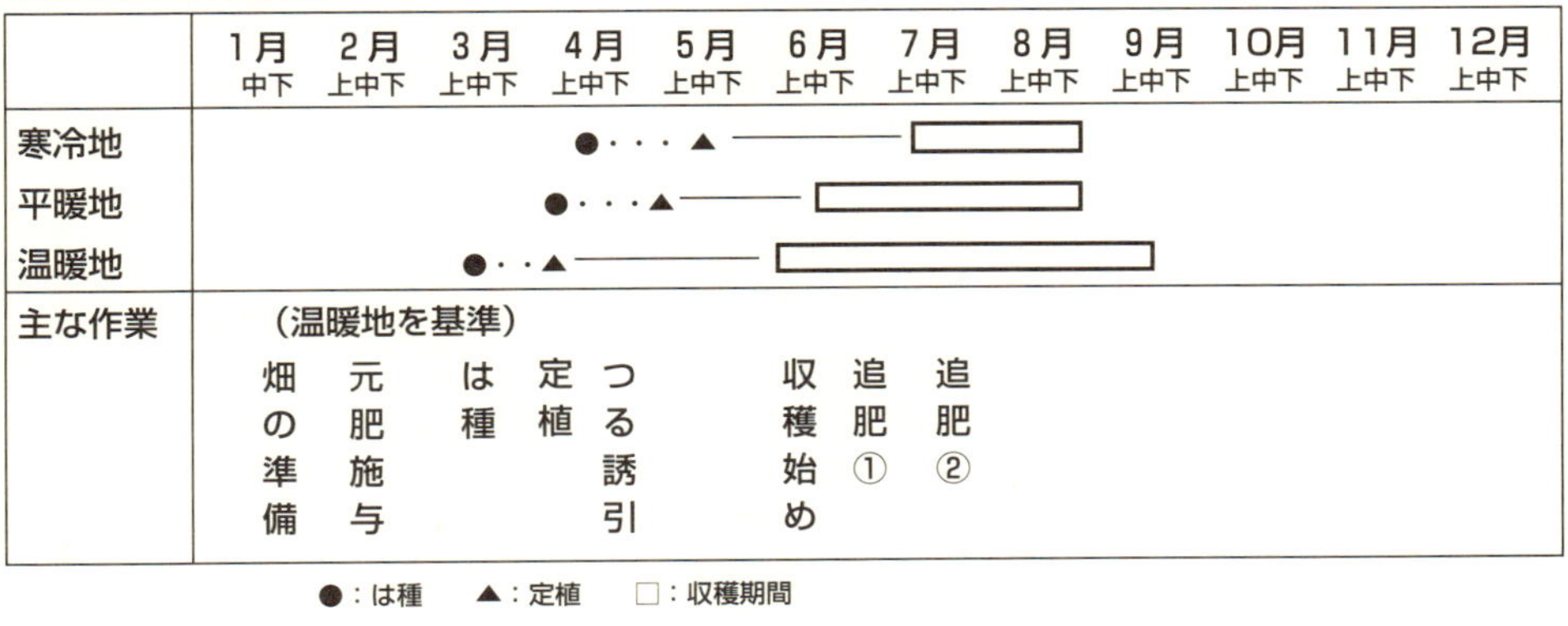

1月 中下
2月 上中下
3月 上中下
4月 上中下
5月 上中下
6月 上中下
7月 上中下
8月 上中下
9月 上中下
10月 上中下
11月 上中下
12月 上中下
寒冷地
平暖地
温暖地
主な作業
（温暖地を基準）
畑の準備
元肥施与
は種
定植
つる誘引
収穫始め
追肥①
追肥②
●：は種
▲：定植
□：収穫期間

苗づくり

1

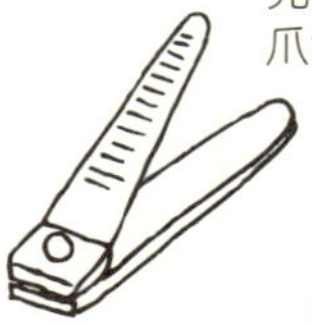

先のとがったほうを
爪切りや花ばさみで切る。

水に2時間浸しておく。

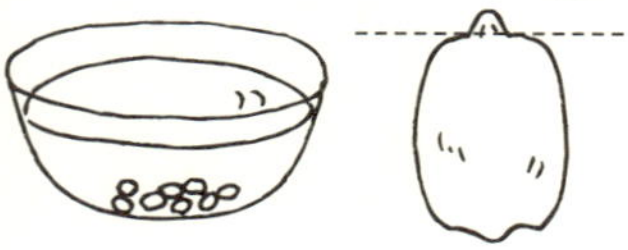

2

種は平らにおく。

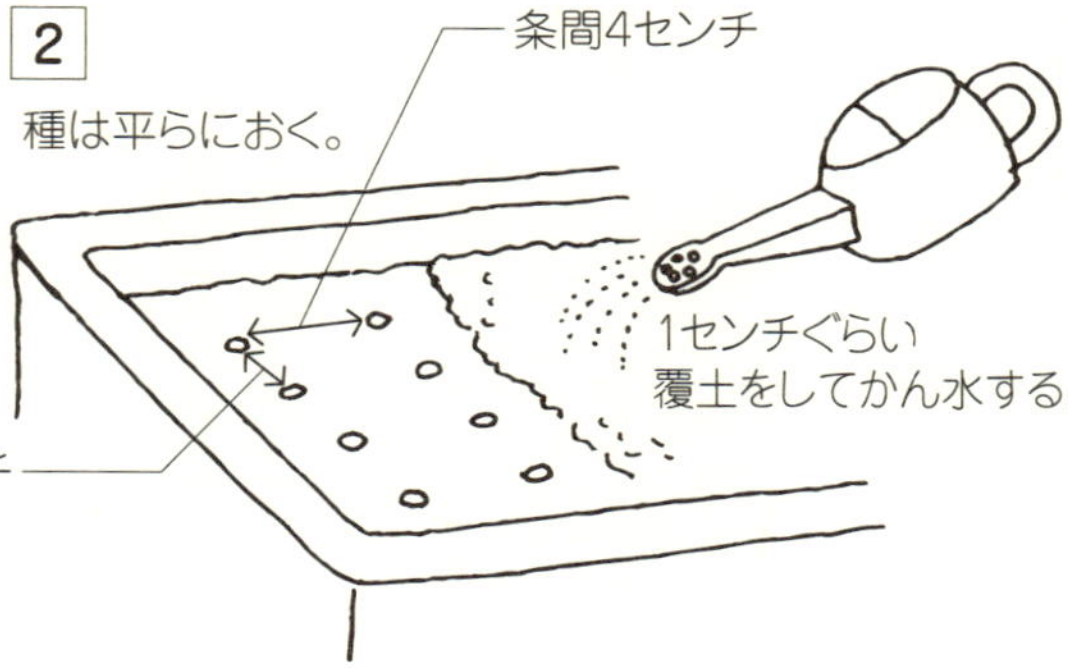

条間4センチ
1センチぐらい
覆土をしてかん水する。
種間2センチ

3 濡れた新聞紙で
おおって乾燥を防ぐ。

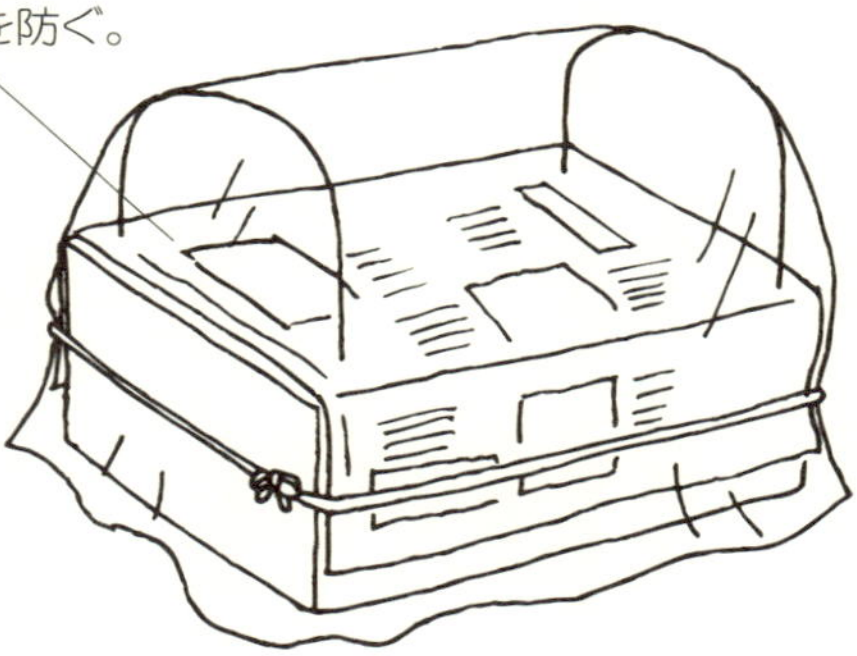

発芽適温は25〜30℃。25℃以下の日が多いところでは、ビニールハウスに入れたり、大きなポリ袋でおおって保温する。

4

本葉が1センチ程度になったら、
ポットに鉢上げ。
根を切らないように注意し、
浅く植えつける。

5 育苗中はかん水を控えめにして、
がっちりした苗をつくる。

ポリポットに直接、種まきする場合

種を3粒ほど間隔をとってまく。2センチぐらい覆土をしてかん水し、発芽まで透明のビニールをかぶせる。

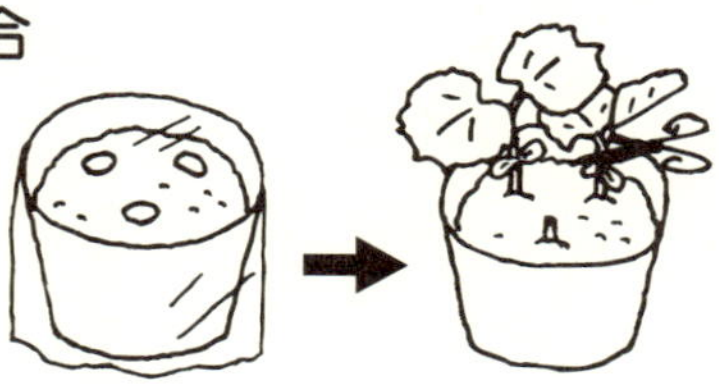

本葉が1枚開いたら、はさみで茎を切って間引きする。

ビニール袋で覆って保温します。

がっちりしたよい苗をつくる

子葉が展開し、本葉が一センチ程度になったら、育苗用培土を入れたポリポットに鉢上げします。鉢上げのときは根を切らないようにし、浅く植え付けし、種まき後同様にビニールハウスなどで育苗します。

左はよい苗。第一本葉が大きく、節間が短い。右は悪い苗

かん水が多いと徒長苗になり、定植後の生育が悪いので、育苗中はかん水を控えめにします。土が少し湿っているぐらいに保てば十分です。葉色が薄い場合は、薄い濃度（五〇〇～八〇〇倍）の液肥をかん水と一緒に与えます。

よい苗は節間がしまり茎が太く、葉につやがあります。よい苗をつくるには、水はけがよく、有機質に富んだ培養土を用いることが大切です。苗を購入する場合も、できるだけがっちりしたものを選びましょう。

ポリポットで育苗して定植してもよい

苗の本数を多く必要としないときは、ポリポットに直接種まきしてもかまいません。育苗用培土に約二センチの深さで三粒ほどを間隔をとって、種が平らになるようにまきます。本葉が一枚開いたら、間引きをし、苗を一本だけ残します。間引きは苗を引き抜かないで、はさみで茎を切り、残した株の根を傷めないようにします。

定植

畑の準備は一カ月前から

土質の適応性は広く、有機質の富んだ土壌でよく生育します。定植一カ月前から深く耕し、堆肥を一平方メートル当たり二キロ入れて土づくりをしておきます。二週間前には有機入りの肥料をチッソ成分で一平方メートル当たり一五～二〇グラムを与えておきます。酸性の土壌では苦土石灰を一〇グラム入れておきます。

うね立ては、仕立て方によって異なります。棚仕立ての場合、定植地から直径一メートルの範囲を深く耕し、深層部に堆肥を一平方メートル当たり二キロ入れて水はけをよくします。

立体栽培の場合は、うね幅を一・五メートルにつくります。うねの高さは一五～二〇センチにして水はけをよくし、根の張りを深くします。

定植は、本葉二枚が展開したとき浅植えする

は種から定植までは一五～二〇日ぐらいです。若苗で定植すると根の活着がよく、初期生育が旺盛になります。本葉が二枚展開したときが定植の適期で、大苗だと植傷みが出て、初期生育が悪くなります。

棚仕立ては二メートル（縦、横）の間隔で、立体仕立ての場合は二～三メートルの株間で定植します。根鉢を崩さないようにして、浅植えします。根から上の部分は雑菌に弱く深植えにすると病気になりやすいので、必ず浅植えにして、定植後にたっぷりとかん水を行ないます。

根の活着の判断として、早朝に葉縁の周囲（水孔）から水滴が落ちていれば、根の活動が活発に行なっている目安になります。

栽培の管理と病害虫防除

棚仕立てと、立体仕立て

仕立て方には立体仕立て、棚仕立て、地這仕立ての三つの方法があります。

棚仕立て　沖縄の家庭菜園では棚仕立てが一般的です。高さ二・〇メートルの棚にゴーヤーの主枝（親づる）を誘引し、棚上で側枝（子づる）を伸長させ収穫する方法です。棚はゴーヤーのつるが垂れ下がらないぐらいの間隔、約二〇～三〇センチ角に格子状につくります。棚仕立ては、ある程度面積が必要になります。

立体仕立て　高さ一・八メートルぐらいに支柱を一メートルおきに立て、キュウリネットを広げて誘引します。家庭菜園でも面積が少ない場合やプランター栽培などでは、この方法がいいでしょう。少し角度をつけ

棚仕立て

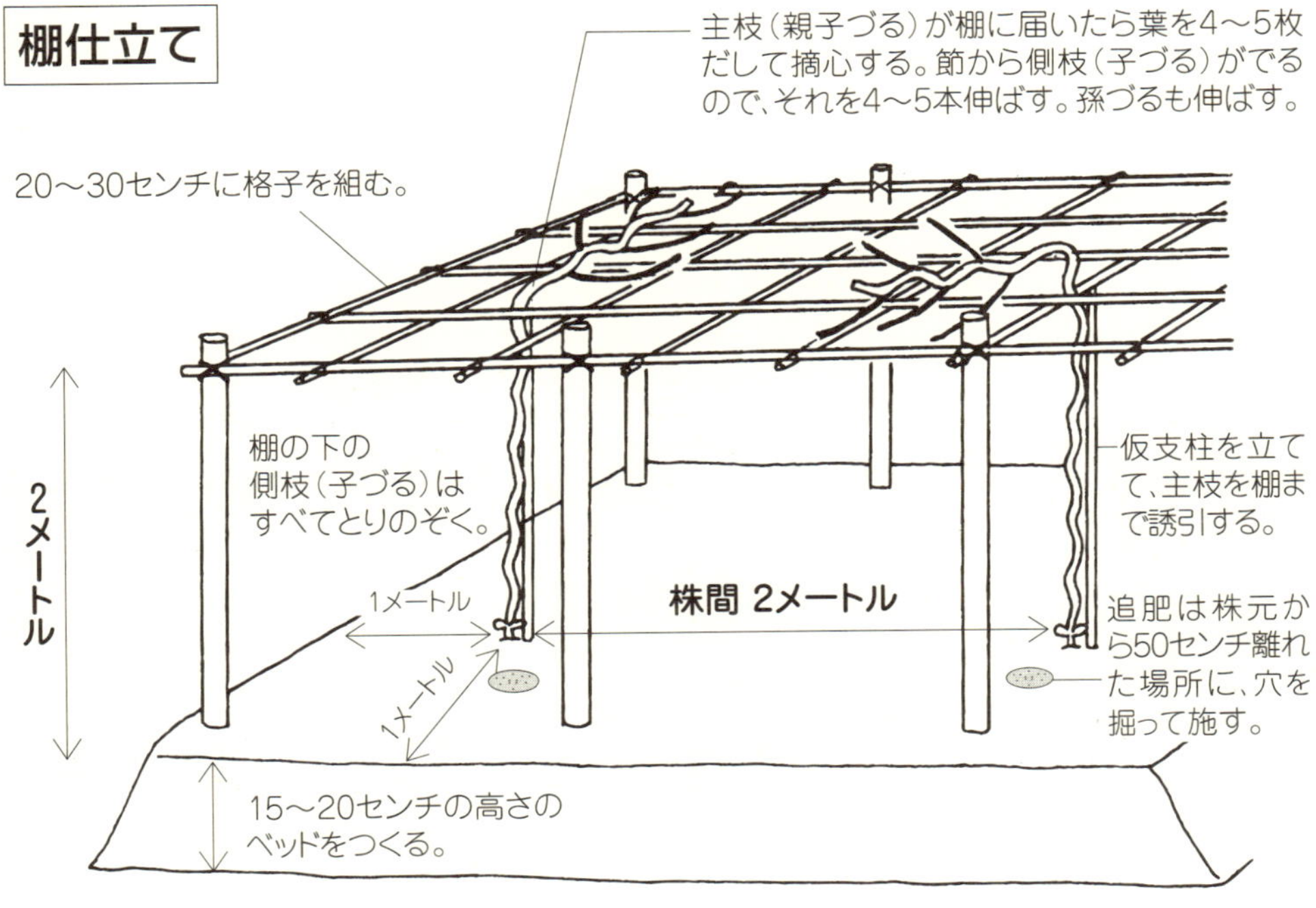
主枝（親子づる）が棚に届いたら葉を4～5枚だして摘心する。節から側枝（子づる）がでるので、それを4～5本伸ばす。孫づるも伸ばす。
20～30センチに格子を組む。
棚の下の側枝（子づる）はすべてとりのぞく。
仮支柱を立てて、主枝を棚まで誘引する。
2メートル
1メートル
1メートル
株間 2メートル
追肥は株元から50センチ離れた場所に、穴を掘って施す。
15～20センチの高さのベッドをつくる。

立体（斜め立体）仕立て

10節で摘心し、
側枝（子づる）を扇形に誘引する。
孫づるも伸ばす。
地際に近い2～3節からの側枝は除去して、
風通しをよくする。

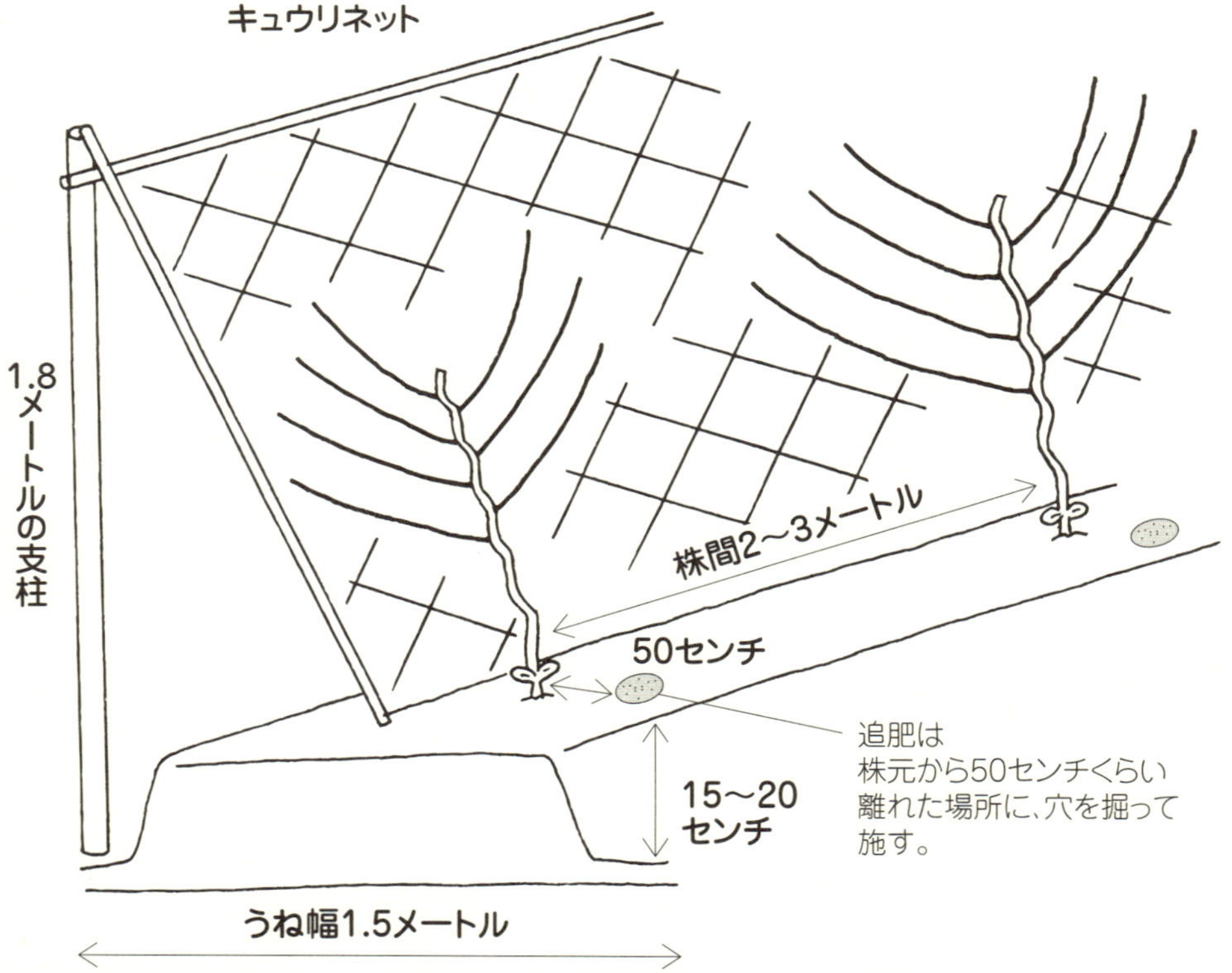
キュウリネット
1.8メートルの支柱
株間2～3メートル
50センチ
15～20センチ
うね幅1.5メートル

追肥は
株元から50センチくらい
離れた場所に、穴を掘って
施す。

立体仕立て

棚仕立て

て斜めに仕立てると、ゴーヤーの実がきれいにぶら下がります。

地這仕立て　つるを地面に這わせる方法で、風に対して強いのが特徴です。

摘心して側枝を伸ばす

主枝（親づる）には雌花が少なく、摘心をして側枝（子づる）を伸ばします。孫づるは放任で伸ばします。

棚仕立て　仮支柱を立てて主枝（親づる）を棚に誘引し、主枝が棚にとどいたら上に這わせ、棚上に葉が四～五枚ある状態で摘心を行ない、四～五本の側枝（子づる）を伸ばします。棚から下の側枝はすべてとりのぞきます。

立体仕立てや地這い仕立て　一〇節で摘心を行ない、伸長した側枝（子づる）を扇形に誘引します。地際に近い二、三節からの側枝（子づる）は除去して風通しをよくし、病気の発生を予防します。

交配は昆虫にまかせて大丈夫

ゴーヤーは同じ株の中で雄花と雌花があり、露地栽培では昆虫によって交配が行なわれます。ハウス栽培では昆虫による交配ができないので、人工交配で着果させます。よい雌花を選んで、開花当日の午前中に、雌花の柱頭に雄花の花粉をしっかりつけます。

雄花

雌花

かん水はたっぷり

ゴーヤーはつる性なので他の果菜類にくらべて葉数が多いうえ、葉が薄いため蒸散量が多く、水分の吸収量が多い野菜です。水分が少ないと葉がしおれ、葉焼け症状が発生しやすくなります。また、かん水が少ないと果実の肥大も悪く、よい果実が収穫できないので、一日に一回、早朝にたっぷりかん水をします。

追肥は株元から離して

生育初期の追肥は控えめにし、生育中期（一回目の収穫のピークの頃）に有機質肥料を、チッソ成分にして一平方メートル当たり五グラム（一握り程度）を与えます。株元に近いと肥料の効果が弱いので、五〇センチくらい離れたところに一〇センチぐらい穴を掘って施します。株元から離れたところは、細根の多いため肥効がよくなります。

収穫期間が長いので肥料切れしないように注意し、つるの伸張が止まったり、葉の色が少し黄色くなり始めたら、同じように追肥します。

病害虫防除

ゴーヤーの主な病害虫にはうどんこ病、つる割れ病、アブラムシ、ダニ、スリップス類がありますが、他の野菜に比べると病害虫被害は少ないほうです。

ゴーヤーのうどんこ病は、きゅうりやメロンの場合と発生場所が異なり、葉の表皮ではなく葉肉に病徴が発生します。葉肉に発生すると防除が難しく、発病の進行を防ぐためには摘葉するのがいちばんです。

つる割れ病は連作を行なうと発生するので、他のウリ科野菜との連作も避けます。つる割れ病が発生した畑ではかぼちゃ台木による接ぎ木栽培を行ないます。

アブラムシはウイルス病の発生源になるので、虫のついた葉は、早めに摘み取ります。

収穫

緑色が濃くなり、つやがでたら収穫する

果実の肥大は気温に大きく影響されます。収穫までの日数は、気温の低い時期で交配後約三五日、気温の高い時期で約一二日です。

だいたい二五〇～三〇〇グラムになったら収穫できます。ゴーヤーを毎日観察していると、緑色が十分に濃くなり、突起（イボ）がふくらんで、全体につやがでてきますので、ちょうどそのころです。青いうちに収穫しないと実は黄色くなり、割れてしまうので、遅れないように注意します。夕方になると果実中の水分が減ってしまうので、朝のうちに収穫します。一株で三〇個前後、収穫できます。

過熟果に注意

ゴーヤーを栽培している農家にとっては、収穫で問題になるのが過熟果といわれているものです。ゴーヤーは収穫するときは濃緑色の果実ですが、収穫が遅れると収穫後二～三日経過すると果実の先端部から黄色に変化します。

ゴーヤーの果実の成熟は、果実の内部（種衣と呼ばれる綿状の種子の周辺部）から赤色に変化して、その後、果皮が黄色に変化してきます。この変化は気温が高いほど早く、果実内部から果皮まで短時間で進行します。収穫時に果実内部の赤色が判断できないので、夏の高温期には収穫適期と思っても果実内部は赤色になっていて、輸送中に黄色くなってしまう場合も多くあります。

家庭菜園でも過熟果になるとおいしくないので、つやが現れたらすぐに収穫し、収穫後は冷蔵庫に入れたり、78ページのように処理をしておきます。

プランター栽培

できれば四〇～五〇リットル容器に一本植え

プランター植えや鉢植えの場合、長方形のものは容量二〇リットル以上のもの、丸型なら直形三〇センチ以上で深さのあるものを選びます。四〇～五〇リットルの大きな発泡スチロールなどの箱に一本植えするのが理想的ですが、二〇リットル程度のプランターに二本植えすることもできます。

用土は、赤玉土七に堆肥または腐葉土三の割合で加え、四〇～五〇リットルの場合で有機配合肥料五〇グラムと、苦土石灰二〇グラムを混ぜておきます。排水をよくするために、底に穴をあけてゴロ土を敷き、その上から用土を入れます。

立体仕立て

仕立て方は立体で、地植えと同じようにキュウリネットを広げたり、支柱を立てて誘引します。フェンスや垣根などにからませてもいいでしょう。

水はたっぷり、肥料はこまめに

プランター栽培ではどうしても土の量が制限されてしまうので、水と肥料はこまめに与えます。とくに水が不足すると日中、しおれてくるので朝夕にプランターから水が流れるくらい、たっぷり与えます。

あとがき

私は、じつのところ四十歳代半ばまで、ゴーヤーは苦手な食べ物でした。ところが、熊本県の大津町で「どろりあげ」という料理に出会って、私の〝ゴーヤー人生〟が開花したのです。

この地方では、ゴーヤーはかぼちゃと油で炒め、しょうゆで味をつけ、水溶きした小麦粉にからめます。すると、不思議や不思議。にがみが和らぎ、しかもかぼちゃの甘みが口の中でほどよい具合になります。「やったー！ これならいくらでも食べられる！」。劇的感動の一品となりました。一度食べ覚えたら、もうこっちのもの。今や、丸かじりだってＯＫ。それからというもの、次々に料理のイメージが広がってきたのです。

また、それから二年余りをかけて、食文化研究家の中山美鈴さんと、九州・沖縄・四国の各地のふるさと料理を聞き取りして歩きましたが、行く先々で新たなゴーヤー料理にも出会いました。古くから食べられてきただけに、さすがにすぐれた料理、保存法があることを知りました。聞けば、つくらずにはいられない。つくれば、うまい！ と、またまた、新たな創作意欲が生まれる。すると、これまた、うまい！ こうして生まれた数々のゴーヤー料理を、レシピにしてまとめました。

この本を参考に、あなたならではのゴーヤー料理に挑戦してみてください。

最後にひとこと、

「にがい」がうまい！

藤　清光

【著者略歴】

中山美鈴（なかやま　みすず）

食文化研究家

1958年福岡市生まれ。西南学院大学文学部英文学科卒業。ミニコミ誌の編集発行人などを経て、1995年に「食・生活文化研究所エリス」を設立。九州を拠点に、地方文化と人、風土、食についての取材活動とともに、各地に伝わる“ふるさと料理”の聞きとりを続けている。ゴーヤレシピ集『「にがい」がうまい』『続・「にがい」がうまい』の出版も手がけた。

著書に『ふるさとの食卓』（葦書房）、共著に『たべる、おきなわ　本土でつくる沖縄の家庭料理』『今、すぐ食べたい　九州各地・島のうまいもの集』（いずれもエリス）など。

藤清光（とう　せいこう）

福岡市博多区で料理店を営む女性料理人

1950年福岡市生まれ。実家は博多の老舗の寿司屋。地域の食材と調理法に興味をもち、実践的研究を続ける。食と健康をテーマにした講演会やテレビ・ラジオなどの料理番組では、博多弁をまじえたユーモアのあるトークと料理実演で人気を集め活躍中。中山美鈴氏とともに“ふるさと料理”の聞きとりを続けている。

著書にゴーヤレシピ集『「にがい」がうまい』『続・「にがい」がうまい』『「すっぱい」がうまい』、共著に『たべる、おきなわ　本土でつくる沖縄の家庭料理』『今、すぐ食べたい　九州各地・島のうまいもの集』『日本の田舎料理』『ふるさとがうまい』（いずれもエリス）など。

坂本守章（さかもと　もりあき）

沖縄県農業試験場園芸支場野菜育種研究室　室長

1953年石垣市生まれ。1977年琉球大学農学部卒業。1979年高知大学大学院暖地農学科修士課程修了。同年沖縄県農業試験場宮古支場採用。同試験場園芸支場野菜研究室、園芸育種研究室、同研究室主任研究員を経て、1994年より野菜育種研究室室長。1994年から琉球大学教育学部非常勤講師。

1994年に「にがうりの品種育成に関する研究」で科学技術長官賞「研究業績」、1995年に「にがうりの品種育成に関する研究」でおきぎんふるさと振興基金賞、2001年に「ニガウリとトウガンの品種育成と遺伝解析」で沖縄研究奨励賞を受賞。

■執筆分担

P4～5、P49～80　中山美鈴
P8～48　藤　清光
P6～7、P81～92　坂本守章

まるごとあじわうゴーヤーの本
「にがい」がうまい
食べ方と育て方

2003年4月10日　第1刷発行
2004年6月15日　第5刷発行
中山美鈴
著者　藤　清光
坂本守章
発行所　社団法人　農山漁村文化協会
郵便番号　107-8668　東京都港区赤坂7丁目6―1
電話　03（3585）1141（営業）03（3585）1145（編集）
FAX　03（3589）1387　振替　00120（3）144478
URL　http://www.ruralnet.or.jp/

ISBN 4-540-02167-2　DTP制作／池田編集事務所
〈検印廃止〉　印刷／㈱東京印書館

製本／笠原製本㈱
Printed in Japan　定価はカバーに表示
乱丁・落丁本はお取りかえいたします。